此外，本會正規劃人文及社會學科之專題研究。本會之研究工作為整體規劃各級學校人文及社會學科教育之目標、課程、教材、教法與師資，俾能切合實際需要，增進教學效果，並與數學及自然學科教育均衡發展為主，目前僅以中小學之人文及社會學科為範圍。其屬重要研究課題超越某一學科者，則列為專題研究項目，約請對於該專題有素養之學者從事研究，提出研究報告以供參考。

綜上所述，本會七十五年進行之兩項工作為學科教育目標之研訂，及「人文教育學術講座」之籌設，並以正規劃之專題研究與其配合，作為本會研究之先期工作。

「人文教育學術講座」係由本會人文學科教育研究委員會召集委員劉真教授負責規劃，約請陳立夫、錢穆、楊亮功、牟宗三、羅光、蔣復璁、朱滙森、陳奇祿、高明、潘重規、趙雅博諸位先生等演講，於七十五年七月六日起開播，為期半年。茲將上項講詞輯為專書，洽由三民書局印行。爰於本專書刊行之際，略綴數語，以作介紹。

前言

劉季洪

教育研究約可分為學術思想和規劃實施的兩個層面。學術思想為規劃實施植其根，規劃實施為學術思想結其果，二者相輔相成，始能見其實效。本會為兼顧理論與實際，七十五年初開始進行以下兩項工作：

第一、中小學人文及社會教育各學科教育目標之研討：本項已聘請國語文等七個學科組，及中小學國語（國文）、英語（英文）、歷史、地理等十八個學科之主持人及研究委員，分別召開研究委員會議，已於同年十二月提出研究報告。

第二、籌設「人文教育學術講座」：人文教育學術思想為課程設計的指標，對人文學科課程目標的研訂，影響尤為深遠。因此本會與教育廣播電台合作，定期作人文教育學術專題演講。

國立中央圖書館出版品預行編目資料

人文教育十二講／陳立夫等著.--初版.--臺北市：三民，民76

面；　公分

ISBN 957-14-0351-2（平裝）

1.教育-哲學，原理-論文，講詞等

520.1　　　　84003831

人文教育十二講

主編　教育部人文及社會學科教育指導委員會

著作人　陳　立夫　錢穆　楊亮功　牟宗三
羅光　蔣復璁　朱匯森　陳奇祿
高　明　潘重規　趙雅博　劉　眞

發行人　劉振强

著作財產權人　三民書局股份有限公司
臺北市復興北路三八六號

發行所　三民書局股份有限公司
地　址／臺北市復興北路三八六號
郵　撥／〇〇〇九九九八－五號

印刷所　三民書局股份有限公司

門市部　復北店／臺北市復興北路三八六號
重南店／臺北市重慶南路一段六十一號

初版　中華民國七十六年七月
再版　中華民國八十四年八月

編號　S 52047

基本定價　叁元肆角

行政院新聞局登記證局版臺業字第〇二〇〇號

ISBN 957-14-0351-2（平裝）

人文教育十二講

教育部人文及社會學科教育指導委員會主編

著作者

陳立夫　錢　穆　楊亮功　牟宗三

羅　光　蔣復璁　朱匯森　陳奇祿

高　明　潘重規　趙雅博　劉　真

三民書局印行

人文教育十二講　目次

孔孟學說與人文教育

陳立夫

一、人文教育對現代社會的重要

所謂人文教育是指人文及社會學科的教育而言，與自然科學的教育相提並論。大家知道，二十世紀的下半期，是人類史上變化最大的時期，由于自然科學的進步，使人類對于大自然的認識益加清楚，控制益加確實，因而對宇宙間的秘密，更增強研究的興趣和信心。原子能的控制，是證明人類已掌握宇宙間最大的動能；合成化學的發明，是證明人類已有取之不盡、用之不竭的資源。人類既能創造而且控制宇宙的動能和資源，還有什麼事做不到呢？所以科學萬能的觀念，深入人心，都以爲只要發展自然科學，一切事物就沒問題，而自然科學極度發展對于人類產生的危機，就不予注意了。

世間一切事物，沒有絕對有利而無害的。自然科技的發展，可以用于建設，亦可用于破壞；可使人類享有富裕的物質生活，但是也帶來自然環境、社會風氣和人文道德的汚染，這已是不可避免、顯而易見的危害。譬如這次蘇俄核電廠發生核子災變，輻射塵的飄散，使歐洲許多國家的鮮牛奶、雨水和農產品受到汚染而廢棄不用。如果發生核子戰爭，卽使小規模的核子武器爆炸，也會把大量塵埃飛入大氣層，遮天蔽日，地球上的生物便多數滅種了。

我們專就物質文明對精神文明的損害而言，在科學萬能的時代中，人們忙于研究物質，自己反而在物質文明中被遺忘，大家爲物質所誘惑、所陶醉、所催眠，除了物質之外，不再對其他事物感到興趣，結果怎樣呢？人類的道德信仰因而動搖，正如古語所說的「利令智昏」，多數人的心目中只有物，想盡方法去追求物，完全爲物慾所蔽，把自己以往已經得到的智慧、自由都失去了。於是精神生活從內部腐化，人格因而墮落，造成人類幸福的科學文明，反成了精神文化的剋星，人慾橫流，道德敗壞，青少年的犯罪增多，善良的社會風氣不能維護。學校教育的目的，本來要使學者能培養健全人格和健康生活，如果偏重于科學知識的傳授，而忽視品格的陶冶，結果將使受教學生所得到的科技知識，不僅無以造福人群，反將增加他們作惡犯法的本領。所以人文教育對于現代社會，實非常重要。先總統　蔣公曾經昭示：「我們一個人生在世界上，無論何時何地，所要透澈了解的，只有兩件事：㈠是如何做人；㈡是如何做事。」人文教育的施教目的，就是在使學者知道做人做事的基本原則。

二、孔孟學說與人文教育的關係

講到孔孟學說與人文教育的關係，可以說，孔孟學說是人文教育的基本。中庸書裏說：「唯天下至誠，爲能盡其性；能盡其性，則能盡人之性；能盡人之性，則能盡物之性；能盡物之性，則可以贊天地之化育；可以贊天地之化育，則可以與天地參矣。」這個「盡」字是知無不明、行無不當的意思，就我個人數十年研究的結果，認爲我們中華文化以往的最大成就，在于「盡人之性」，是以心、性、道爲基礎，闡發人性的體與用爲最終目的，而成爲人文教育。而西方近代文化在于「盡物之性」，是以數、理、化爲基礎，闡發物性的體與用爲最終目的，而成爲自然科學。國父說：「專就最近幾百年的文化，歐美的物質文明極發達，我們東洋的文明不進步，從表面上比較起來，歐洲自然好于亞洲；但是從根本上解剖起來，歐洲近百年是什麼文化？是科學的文化，是重功利的文化。這種文化應用到人類社會，只見物質文明，只有飛機炸彈，只有洋槍大炮，專是一種武力的文化，這種專用武力壓迫人的文化，用我們中國的古語說，就是行霸道，所以歐洲的文化是霸道的文化。但是我們東洋向來輕視霸道的文化，還有一種文化，這種文化的本質是仁義道德，用這種仁義道德的文化，是感化人，不是壓迫人，是要人懷德，不是要人畏威。這種要人懷德的文化，我們中國的古語就是行王道。」這是 國父在民國十三年底北上時經過日本對日本人講的「大亞洲主義」，因爲那時日本教育已偏重自然科學，已是重武力而輕道德，已有侵略中國的野心。所以 國父早就告訴國人：「要維持民族和國家的長久地位，還有道德問題，有了很好的道德，國家才能長治久安。」所以我們中華民國的文化政策，始終遵循 國父遺敎：「將吾國固有的道德智能從根救起，對西方的物質科學迎頭趕上」這說明我們傳統文化中固有的道德智能——也就是指孔孟學說，在五四運動時被人毀棄，有待徹底挽救；現代世界新發明的科學技能，須得努力追上，以求補救。先總統蔣公所倡導的中華文化復興運動，就是要實行 國父遺敎，明白的指出倫理、民主、科學三個綱領，使傳統的民族文化與現代社會相結合，以求達到三民主義新中國的實現。

國父爲什麼要主張從根救起吾國固有的道德智能？因爲數千年來，孔孟學說陶鑄了中華民族的民情習俗，形成了中國文化的特質， 國父思想的淵源，實在是繼承民族文化的正統，他曾對蘇俄代表馬林說：「我們中國有一個立國精神，有一個自堯、舜、禹、湯、文、武、周公、孔子數千年來聖聖相傳的正統思想，這個就是我們中華民族的道統；我的革命思想、革命主義，就是從這個道統遺傳下來的。我現在就是要繼承我們中華民族的道統，就是要繼續發揚我們中華民族歷代祖宗遺傳下來的正統精神。」大家由這段話，就可以明白孔孟學說與人文教育的密切關係了。

國父曾大聲疾呼告訴國人：「欲恢復我國之國際地位，必須先恢復固有道德。」先總統　蔣公繼承遺志，遂令教育部開設「中國文化基本教材」一科，其目的在使一般青年能了解中國文化的精義和中國立國之道，進而知道做人做事的基本原則。他曾說：「要救中國，一定先要救中國人，卽是使中國人個個能夠知道做人的道理，做一個正正堂堂的人；而且要使他們個個人認識自己是中國人。中國人者就是中華民國的國民，卽中華民國的主人翁，主人翁對于國家應當盡主人翁的責任，應當要愛護自己的國家，挽救自己的國家。」這更可明白孔孟學說對于人文教育的效能了。

三、倫理道德是救時的良藥

我們中華民族所以能成為世界上人口最多的民族，中國文化所以能持續五千年而不墜者，是因爲我們的祖先發明人類共生共存共進化的眞理——「道德」。歷代聖賢相傳，到了孔子乃整理古代文化成爲有系統的思想，到了孟子更加充實而發揚光大。孔孟學說的中心觀念是人性的發揚和人格的完成，是實踐倫理和社會道德，中華民族實因此教澤而發榮滋長。所以美國現代歷史哲學家杜蘭博士說：「中國歷史可以孔子學說影響來撰述。孔子著述，經過歷代流傳，成爲學校課本，所有兒童入學之後，卽熟讀其書而領會之。此一古代聖哲的正道，幾乎滲透了全民族，使中國文化的強固，歷經外力入侵而巍然不墜；且使入侵者依其自身影響而作改造。卽在今日，猶如往昔，欲療治任何民族因唯智教育以致道德墮落，個人及民族衰弱而產生的混亂，其有效之方，殆無過于使全國青年接受孔子學說的薰陶。」近來西方學者和杜蘭博士持相同見解的，尙有其人，卽如上年前來我國的索忍尼辛，就有許多言論與孔孟學說相通，他主張精神物質的平衡，以矯正西方社會的物質偏差，正是中庸之道。這些都可證明孔孟學說中的倫理道德，的確具有新時代的意義，而我們的文化復興運動，絕非抱殘守闕的開倒車，而是使人文與科學二者的合流，以實現三民主義新文化。

中華民族的倫理觀念，在三代以前就已形成，孟子說：「夏曰校，殷曰序，周曰庠，學則三代共之，皆所以明人倫也。」由于人倫的形成和發展，中華民族就靠天然具有的感情而團結互助，共生共存，以達數千年之久。所以倫理是人類集體生活所必備的共通要件，齊家治國，必須注重倫理。因爲倫理是說明人對人的關係，亦就是人對于家庭、鄰里、國家、社會和世界人類應該怎麼樣，說明他在各種關係上的正當態度或行爲標準。倫理與法制的不同，就是倫理是從人類本性上啓發人的自覺心；法制是以國家的公權力爲依歸，而帶有強制性。所以倫理比法制自然而深入人心。明代大儒薛瑄說：「人之所以異於禽獸者，倫理而已矣。何謂倫？父子、君臣、夫婦、長幼、朋友五者之倫序是也。何謂理？卽父子有親，君臣有義，夫婦有別，長幼有序，朋友有信五者之天理也。」這五倫之中，父子、夫婦及長幼是屬于家庭關係；君臣就是現在的長官與部屬，是政治關係；朋友是社會關係，就中以屬于家庭關係的爲多，所以家庭是人倫關係的基礎。先總統　蔣公認爲倫理建設就是國民道德建設，要以國父所講的忠孝仁愛信義和平八德爲精神，以昌明固有的人倫關係。

其次，倫理道德不但可以改善人與人的關係，對于現代國家的經濟繁榮，亦具有極大的貢獻。許多經濟學家認爲孔子的倫理思想及注重社會安寧，最適合于現代自由經濟制度，所以中華民國、日本、韓國及香港、新加坡等自由地區的成功，和中共控制下的中國大陸的經濟落後，形成尖銳的對照。因此，有人說孔子實在是社會繁榮的最佳引導者，決非馬克思的邪說所能企及，這也是值得大家注意的。孔孟學說中的經濟思想是生產養民，是以民生爲重，以培養勤儉美德爲先。所以倫理道德也是社會秩序的基石，如果發揮人文教育的功能，必可恢復傳統文化中的純樸、勤勞、誠實、勇敢等固有習性，也必可端正社會風氣。

四、為學立業皆以修身為本

由上所述，可知人文教育就是人的建設，是重視修身的。從前學校裏教導學生，都有修身科，後來改爲公民科，亦以修身爲主。事實上，近百年來，國人受了西方物質文明的影響，對于修身工夫已逐漸疏忽。所以 國父在講民族主義時，曾慨歎國人不注意修身，他認爲孔子從前說席不正不坐，由此便可見他平時修身，雖一坐立之微，亦很講究的。大學書中所說的「格物、致知、誠意、正心、修身、齊家、治國、平天下」那一段話，把一個人從內發揚到外，是一種最精微開展的修身理論。修身在這八目程序中，是成己成物的樞紐，格物致知是爲學，誠意正心是成德，有了學問和道德，乃可成爲人格健全的人，這就是修身。因此， 國父說：「我們現在要能夠齊家治國，不受外國的壓迫，根本上便要從修身起，把中國固有的知識一貫的道理恢復起來，然後我們民族的精神和民族的地位，才都可以恢復。」我們現在的教育宗旨，就是在于養成完全的人格，教育部所頒的訓育綱要，說明訓育在教育上的功能，在使德智體三育能相互爲用，以完成健全品格的基礎。否則，雖有精深的智識、健全的體格，而無高尚的道德以正其用，于個人則爲自私自利，以趨向于自殘，于國家則未獲其益，而先受其害。訓育的功能重視道德的修養，正與孔孟學說的中心思想相符，論語裏說：「子以四教，文行忠信。」「志於道，據於德，依於仁，游於藝。」「弟子入則孝，出則弟，謹而信，汎愛衆而親仁，行有餘力，則以學文。」都是以德行爲本，孟子亦說：「壯者以其暇日修其孝弟忠信。」亦重視修身。如果不能做到，就引爲憂慮，所以孔子說：「德之不修，學之不講，聞義不能徙，不善不能改，是吾憂也。」

所以我們青年的爲學立業，都要知道以修身爲要。怎樣達到這個目的呢？最重要的還是教育，還是以人文教育來指導他做一個現在時代的國民。中華民族有最悠久的光榮歷史，在世界上稱有高尚的倫理道德，自古以來就有至大至剛的精神和獨立自強的人格；如果失掉了這些精神道德，便不成其中國人了。　蔣公曾說：「從前學校教育教出來的學生，有許多儘管名義上是中國人，而一考其思想和精神，就沒有中國人的氣質。很痛心的說一句，簡直不知是那一國人，這些人既不明瞭本國的歷史文化和民族地位的重要，也不尊重本國固有的德性，和立國精神的特點，更不知道做一個國民對于本國負有如何的責任。他不知道自己的國家和文化應當如何愛重，只是盲目的接受外國的一切，凡是本國的都可以隨便唾棄，毫不顧惜；凡是外來的似乎都可以隨便模仿，不加別擇。而且祇講表面，徒襲皮毛，浮動淺薄，隨人俯仰，完全喪失了獨立國家的國民精神。這種人既然根本不知道有國家，敵國外患如此嚴重，也激動不起他們眞正的民族意識和愛國的良知，這樣的人還配做中國人嗎？要知道，我們中國人是有我們祖先遺留下來的固有的德性，是有我們中國人確乎不拔、獨立不懼的特性和品格，我們中華民族有中國整個一貫的民族精神，所以中國國民必須要有中國人所固有的品格、德性和精神，才可以算爲一個眞正的中國人。」我們現在的人文教育就是要人人具有中國固有道德和精神，尤其要使人人都是有表徵中國神聖不可侵犯的獨立自尊心，和天賦優美的民族性，再加上現代進步的科學知識和技術，這樣的青年學生才是眞正的中國人，才能忠勇熱心地擔當中國的事業，建設眞正獨立自由的中華民國。

五、補偏救弊必須隨時注意

總而言之，生在現代社會的中國人，要知道個人的前途命運，與國家的前途和命運是不可分離的，必須接受國家教育的訓練，修養健全的人格。而學校教育的努力，已甚顯著，惟人文科學與自然科學必須兼籌並顧，不可只注重自然科學而忽視人文教育。倫理、民主、科學三者是我們目前的教育方針，我們的教育以人爲本位，倫理是人與人的關係，民主是人與群的關係，科學是人與自然的關係，一切都是以人爲本，離開了人就沒有所謂倫理民主科學了。如果不注意人文教育，一切物質建設也將失去意義；目前的十二項建設中，建立每一縣市的文化中心，也就是要各地方文化中心，能發揮人文道德的效能，端正社會風氣。大家知道，此次反共戰爭乃是民族文化存亡絕續之戰，絲毫不容忽視的。所以物質建設到了某一階段，必須注意心理建設，補偏救弊，最爲重要。俗語說：飽暖思淫欲，這是說明一種自然的趨勢，須得預先防制的，防微杜漸，是政府的責任，這些年來的社會風氣，是大家所知道的，青少年的犯罪，色情氾濫，賭風興盛，整個社會已是百孔千瘡，這就是由于物質文明損害了精神文明的緣故。年來政府雖曾屢次倡導勤儉建國，雖曾經常舉辦富而好禮運動，似乎都收效甚少。 國父曾講「國民要以人格救國」，說：「我們人類的天職，是應該做些什麼呢？最重要的就是令人群社會，天天進步。要人類天天進步的方法，當然要在合大家的力量，用一種宗旨，互相勸勉，彼此身體力行，造成頂好的人格。人類的人格既好，社會當然進步。」接著又說：「我們要正本清源，自根本上做工夫，便是在改良人格來救國。同時，我們要恢復國際的地位，須要我們不墮落，要不墮落，便先要講人格。」先總統 蔣公在「現代青年成功立業之道」中說：「我們要檢討自己有沒有健全純潔的人格？我們能不能犧牲個人的權利和幸福，眞正爲家庭、爲社會、爲國家、爲自己信仰的主義來服務？須知所謂人格，就是我們對人——無論在家對父母、對兄弟，在學校對師長、對同學，以及在社會對一般同胞——的行動和態度上表現出來。大家必須明瞭一個根本的要點，我們人生在世，完全是利他的，而不是利己的，我們求學乃是爲濟世而求學，服務乃是爲助他而服務。」這些遺敎，可以說都在說明孔孟學說與人文教育的關係。中國文化以往雖偏重「盡人之性」，但並未完全忽視「盡物之性」，不過確認人爲一切事物的重心，事是靠人來處理的，物是靠人來利用的，先人而後物，可免本末倒置，如果人不像人，還有什麼事物之可言？在此科學萬能的時代，補偏救弊是必須隨時注意的。

講座介紹

陳立夫先生近照

陳立夫先生，名祖燕，浙江省吳興縣人，生於民前十二年，即西曆一九〇〇年，民國十二年北洋大學採礦科畢業，後留學美國匹茲堡大學得碩士學位，十四年冬歸國即追隨先總統　蔣公奔走革命工作。

民國十八年三月，第三次全國代表大會選任為第三屆中央執行委員會委員，四月推任中央秘書長，嗣後歷任中央組織部部長，第四、五、六屆中央執行委員會委員、常務委員及非常委員會委員。現任中央評議委員及主席團主席之一，主持黨務組織工作，績效宏偉。

十九年十二月、三十六年四月先後任中央政治會議委員兼秘書長，輔佐中政會主席蔣公對政治會議所決議有關政治方面之重大方針、立法原則以及重要政策各案件，分別呈報中常會核備，再轉致政府執行負責妥慎處理，殊多勛勞。

在抗戰八年中，陳先生自二十七年一月至三十三年十一月，擔任教育部長幾達七年之久。在初就任時，即草擬「戰時教育實施綱要」送請中央及國民參政會核定，其中包括九大方針，十七要點，俾以後實施有所依據，不必事事請示；接事後，實施戰時教育，安置流亡學生，注意學校軍訓，頒行各級學校課程標準及訓育綱要與全國各級學校共通校訓——禮義廉恥，以重視德智並修之主旨。戰時物力維艱，後方學舍簡陋，圖書儀器欠缺之際，教育成績，仍蒸蒸日上，裨益抗戰精神實非淺鮮。

至就立夫先生講演與著述二者言，深為國人敬仰，前者講演方面，於民國十四年，當年二十六歲在美求學於煤礦中實習時，有暇即常被當地教會邀請講演，以宣揚中華文化為主旨，十六年清黨後，常赴各校作反馬克斯主義及宣傳三民主義之講演，抗戰時期，巡視教育由西北各省經西南至東南各省，所至各校由大專至小學，無不講述抗戰建國之道，尤以弘揚孔孟學說。抗戰勝利後，在世界道德重整會作多次講演，五十五年離美返國，以所著「四書道貫」為 蔣公八秩壽，同時曾作七十餘次講演。五十八年回國定居後，又作無數次有關文化復興運動之講演，過去六十年間總共講演不只二百五十次。後者著述方面，除上述「四書道貫」一書外，其他如「唯生論」、「生之原理」、「人理學」、「孟子之政治思想」、「孟子之倫理道德思想」、「國父之倫理道德思想」、「國父道德言論類輯」、「陳立夫儒學研究言論集」、「四書中的常理及故事」、「五筆檢字法」等為數甚多，並主編「孔子學說對世界之影響」兩輯、「易學應用之研究」三輯及中華科學技藝史叢書二十餘種，主譯英人李約瑟氏所著「中國之科學與文明」全集十餘册，此為陳先生致力弘揚中華文化之事功。

政府撤退來臺，陳先生深以對國負疚自責，於三十九年本黨改造之前出國，第二次參加世界道德重整會於瑞士柯峯後轉往美國，不願再任官職，在此期間，　將公念舊情深，先後以六種重要職務相畀，均一一辭謝，而在出國之初，於紐約接辦一華文報紙，命名為華美日報，宣揚國策，建信華僑社會，陳先生忠黨愛國之心，不因易地而稍懈。

五十八年返國定居，　將公又以文復會副會長見委，謂此非官職，陳先生勉允任之，繼又被選為中華民國孔孟學會理事長，並應師範大學之聘開授「人理學」一課，政治大學、文化大學二校博士班聯合聽講，受課者已有數百人，外國學生參加者以韓國為最多。另對社會事業多方倡議，如兼任中國醫藥學院董事長主持抗癌中心，發起中國醫藥研究發展基金會，首倡「中醫現代化」、「中西醫一元化」於臺中市建成中國醫藥學院附設醫院，在雲林縣北港建立中正醫學中心，計有四五〇病床之媽祖醫院，中國醫藥學院北港分部及中國醫藥研究部，未來造福社會，當更顯著。

立夫先生一生從事黨、政、軍、教育及社會事業計逾六十餘種職務，均盡心力而為之，證其現正撰擬「我以往的創造與服務」一書，預定於其九十歲時出版，內有「天生萬物因材篤，栽培傾覆無定數，有志方期事有成，天助尤貴能自助，大勇本從大智生，求智原為求仁故，人生意義何由明，創造犧牲與服務」，與平時親友求其字者，陳先生亦常題「創造與服務，為人生兩大樂事」數字以應，可見陳先生之人生觀亦以創造與服務為中心，而以此引以為樂者也，故其現年已八十有八，仍經常出席各種會議，到處講演，著述立論，孜孜不倦，實為服務與創造之示範也。

中國民族性與中國文化之特長處

錢穆

中國大學一書，內容分三綱領八條目。八條目之下四條，爲修身、齊家、治國、平天下。南宋朱子定論語、孟子、大學、中庸爲四書，以大學爲首。爲此下中國讀書人首先必讀的第一本書，到今天已歷八百年之久。

歐洲人僅知有國家觀，無天下觀，首先是希臘人，即對國家觀念亦未成熟。羅馬人開始建立了國家，又由羅馬自己一國併呑他國，日形擴大，成爲帝國，但並無天下一觀念。帝國由一國兼併他國，與中國古代之封建制度，乃由一中央天子統治，下面各諸侯分別爲國，而又和合會成一天下的局面大不同。中國自秦漢大一統以下，僅存中央一天子，四方不再有諸侯。封建制度改爲郡縣制度，此下兩千年，大體無變動。疆土日擴，戶口日增，但爲一純粹的民族國家，與西方帝國大不同。

中國之外有其他民族，東夷南蠻西戎北狄，合稱四裔。中國與四裔，合爲一天下，其分別則主要在文化上。故中國人又稱，「夷狄而中國，則中國之。中國而夷狄，則夷狄之」；這是說，中國卽是代表了天下。如佛教自印度傳來，中國僧侶或稱印度爲中國，而自視中國爲蠻夷者。故中國人之政治最高理想，乃爲平天下，而治國次之。

歐洲人只知國，不知天下，以富強爲立國最高目標。國與國之間，稱國際。直到現在，科學發達，交通便利，全世界五大洲，眞可和合如一家。但依西方文化演變，則至今仍僅有國際組織，稱爲聯合國。會員共達一百五十國以上，國際事務，由聯合國開會商議，有名無實。國際大都市，成爲商業經濟戰場，舉世相爭無寧日。軍事戰場則可有核子戰爭，雖目前尚未發動，舉世憂恐。而諸小國間，又有恐怖活動，遍及全世界。居無寧日，實爲人類當前生存一大問題。

猶太人爲一商業民族，無國家觀念，但卻有天下觀念，耶穌創立宗教卽是一例。耶穌傳教，不管國家事，故稱「凱撒事凱撒管。」至今歐洲人幾乎全部信耶穌教，但政教分離，政治則一仍歐洲舊傳統，與宗教信仰無關。兩國戰爭，可各自在濠溝內禱告上帝助我，早獲勝利，可期和平。其對濠相殺，則如故。

最近又有馬克思，唱爲共產主義，主張唯物論，和宗教信神信上帝大不同。但實亦同爲一世界主義，可謂其有天下觀，無國別觀，故馬克思之共產主義乃一種社會思想，無關政治。俄國人列寧乃借其說，以完成其國家之政治革命。史太林又借其說，以推行其帝國主義。此與馬克思源始立論宗旨有不同。而今歐美資本主義國家，推行自由民主政治，而罷工運動則到處流行，此明是馬克思共產主義之流行。馬克思之唯物史觀，與耶穌靈魂上帝之信仰雖大不同，但兩人同俱有一種世界觀，略近中國人之天下觀。歐洲人能加採用， 此亦見歐洲人之長處。但猶太人能有世界觀，而無國家觀，從未能自己立國。最近歐洲人代爲成立一國，國名以色列。但其立國規模，則一本西歐帝國主義之傳統。侵略鄰國，引起了中東無窮糾紛，迄今未知其所止。

印度佛教可稱亦有一世界觀，但與中國天下觀不同。因中國天下觀乃一人群之最大結合體，而印度佛教則并無家與國的觀念，人生一切結合，皆主取消。故佛教經典只稱世界，不稱天下。世指時間，界指空間，世界一名稱，亦屬唯物觀，與馬克思思想較近，與耶穌思想較遠。

惟中國大學一篇之八條目，乃可包容佛教、耶教，以及西方之個人主義與國家觀而爲一，而又加以融通和合。故佛教來中國，卽成中國化。至今印度佛教已衰，而在中國則猶盛。至於共產觀念，在中國社會實早已推行，如古代之井田制，漢代建立之鹽鐵政策，及宋以後全國推行之義莊制度皆是。故中國人但求貧而樂富而好禮，不提倡共產。中國人主張由身而兼顧及家，由家而兼顧及國與天下，由己而兼顧及群，由當前而兼顧及過去與未來。所謂執其兩端用其中於民，惟此一「中」字，乃最爲中國人所主張所看重。

今再言當前西方人最所主張之自由、平等、獨立三觀念。此乃由歐洲個人主義思想所提倡，而最近中國人群相趨附，認爲人生要求惟此三大端。實則由中國觀念想來，人自初生，至十一二歲之幼稚時期，下至二十歲成年時期前，豈能自由獨立爲人。下至八十、九十之耄老時期，又豈能不依仗他人，獨立自由生活。此是一大問題。卽在二十以上，八十以下之中老年人，亦豈能離開人群天下，無國無家，獨立爲人。衣食住行種種實際生活上之物質條件，全得依賴社會群衆其他人之共同努力，共同造成，平等二字更所難言；政府、軍隊、學校均無平等可言，卽論經濟物質事項，亦斷難人人平等。當前的世界，亦正爲盡人爭求自由平等獨立，而達於混亂鬪爭不安的局面，幾於到處無寧日。

深一層言之，人必先認識了自己，乃有自由獨立平等之可言。今天我們所爭的自由平等獨立，全向外面物質生活方面爭。究竟如何纔算得是你自己，須向內部心性上求，那又豈可說盡人都能知道呢。

中國四書裏中庸篇說：「天命之謂性，率性之謂道。」這兩句的意思，可說是每一人自己卽爲人群大道之本。不知你自己，如何知得人群大道，又何得稱爲人呢？但甚麼是自己，實不易知。單從外面來看，如飢欲食，寒欲衣，勞累欲休息，此乃所謂欲，亦可說是性，但欲只是性中之一部分，非卽性的全體。欲是我性中一部分的向外要求，我性中的大部分，只是向內求。孟子說「盡其心者，知其性也。知其性則知天矣。」但心又如何盡呢？今人乃多認欲爲性，亦認欲爲心。孟子則說：「養心莫善於寡欲。」故不知寡欲，卽不能盡心。不能盡心，又那能知性呢？

而且心是人生一共同體，實際大群有一共同心，超出群中每一小己個別心之上。孟子所謂盡心，乃兼求盡此大群共同心，非僅求盡其小己的個別心。故說聖人先得吾心之同然。此人類同然心，卽中國人所謂之德。由小己個別心之德發出運行，卽成大群共同之道。孟子又分聖人爲四種。孟子說「伊尹聖之任，伯夷聖之淸，柳下惠聖之和，孔子聖之時。」任、淸、和三者，皆指人心之德言。任是進取，肯負責任。淸是退讓，獨有所守。和是與人和處，而能內心不失其己。其實此三德，每一人心中都俱有，在同一心內存在，而更迭表現，非可各自獨立，互相分離。故伊尹之任，亦有其清與和之同時存在。伯夷之清，亦有其和與任之同時存在。柳下惠之和亦然。缺其二，則不能成其一。此下歷史上人物盡如此。如三國時代之諸葛亮，方其高臥隆中，苟全性命於亂世，不求聞達於諸侯，此見其性之清。但劉先主三顧之於草廬之中，遂許先主以馳驅。此下相劉後主，鞠躬盡瘁，死而後已，此見諸葛之任。其征南蠻，對孟獲七擒七縱，此見諸葛之能和。豈非諸葛一心，卽備此三德。徐庶推薦諸葛於劉備，此亦徐庶之能任。及其母被拘於曹操，乃告劉備，此心已亂，不能與君共事，遂北赴操營，其孝卽其和。但此下再無言行之表現，此卽徐庶之清。又如管寧，避亂設教於遼東，及其歸老中原，不再出仕，此一人亦可謂有任有清有和，與諸葛孔明與徐庶，同爲當時一大賢。可見任、清、和必三德俱備，不清不和，焉能任。非能任與和，又焉得稱爲清。無任不清，亦不得謂之和。

大群中每一人，旣同具此三德，必待有所成就，有所表現，卓然超出於他人，乃得稱爲聖賢。而孔子則以一身，隨時更迭表現其三德於完美之境，故稱爲聖之時。若顏淵在陋巷，一簞食，一瓢飲，人不堪其憂，回也不改其樂。可謂僅見其能清能和，然孔子深知之，謂用之則行，捨之則藏，惟我與回有之，則顏子實亦可謂能任。惟外面無此條件，時代不合，故顏回終身不仕，而孔子則深知其能任。此下歷史人物，極多如顏回之不能用而行。卽如三國時之徐庶，宋代之周濂溪等皆其人。可見，孔子聖之時乃天縱之大聖。中國歷史上不合時不見用之人物特別多，此皆所謂聖之清，然而不必如伯夷之餓死首陽山，此則待讀史者之善加體會。

孟子所舉任清和三德，尤其如和之一德，最爲中國民族特性之尤普遍、尤傑出者。苟使吾中華民族沒有這和之一特性，又何能緜歷五千年，成此廣土衆民一大國。歐洲諸民族性似乎多能出身擔當事務，有表現，可謂近乎三德中之任，但不能清不能和。猶太民族雖未能立國，但始終能保持其民族特性，其內部相互間似能和。而其好經商營利，則未能清。又不能團成一國家，不見行政才能，則似不能任。耶穌創教，其道亦賴歐西人播揚。印度佛教出家修行，一意出世，則非任，又不和，似近清之一途。阿剌伯人創立回教，一手持可蘭經，一手持劍，至今回教民族仍然推行恐怖主義，可見回教民族性，僅能近乎任，而不清不和。而其能任之性之對人類大群，乃爲禍害，不爲福利，抑尤更甚於西歐之個人主義。故此兩民族接近相處，易增亂，不易和平。

由上所述，我們要問，天之生人，爲何生此互相多別之民族性，使舉世臻於不安？此又不然。由中國人觀念言，天生萬物，有天必有地，故說一陰一陽之謂道。人群生在地上，五大洲地理性質各有別，人群生其間，其性亦有別。此卽天道之大。人道貴能知天而善學。如歐洲人能於猶太人中先學耶穌，後學馬克思，乃有今日之歐洲。此亦見人類能學他人之功效。中國人最教人好學，學天，學地，又學聖人。自盡其心，則可以天人合一，以達於天下大同，長治久安之太平境界。人性多異，乃自然現象。果能好學，又何足患。故中庸言「率性之謂道」，又必言「修道之謂教」。此見天地自然大道，仍須人文修養，這是中國人所謂之大道。但中國文化傳統中無宗教，僅有孔孟聖賢之教。聖人先得吾心之同然，故孔孟在中國，僅爲師，不爲宗教主。雖爲大聖大賢，與其他人仍屬平等。我學孔孟，實不啻自學己心。而且孔子乃聖之時，我的時代與孔子不同，雖前後緜歷有兩千五百年之久，而心與心仍可相通。故學孔子，其要在能自學己心。能盡己心，則孔子之道卽在其中。大道盡在吾心中，故孟子曰：「歸而求之有餘師」。宗教信仰外面，中國人之不能有宗教，其理在此。

孔子曰：「後生可畏，焉知來者之不如今」。我們在今天，又焉知我們中華一民族中，不再有能學孔子其人者出？而且歐洲人與中國人，直到最近三四百年來始獲交通，又焉知此下更長時期中，歐洲人不能學中國之孔子？孔子之道昌，舉世自能改觀。中國人所謂天人之際，一陰一陽，天地造物的工作，正待人類文化來加以補充完成，不必儘作杞人憂天之想。

西方人崇尚專門之學，今日學術昌明，分門別類，已遠超出一百種以上。但不可否認，有一門學問，自古到今，爲中國人所獨精的，是謂史學。從個人以至一家一國，中國三千年來，無不分別有歷史記載，明白詳細，如在目前。今日時變世易，推行世界史，其意義價值當超出國別史之上。但遠在兩千五百年前，中國孔子已作了他當時的世界史，卽中國至今相傳五經中之春秋，此書乃孔子晚年所作。觀其外貌，上自魯隱公，下至魯哀公，前後十二公，兩百四十年，像是一部魯國史。但其內裏的精神所寄，實是孔子當時中國人的一部天下史、世界史。照今日的情形，任何一國史，均可用世界史的眼光和精神來寫。

孔子春秋之主要精神在人事褒貶上。今天要來寫一部世界史，主要精神當亦在褒貶上。如當前美國與利比亞之爭，孰是孰非，孰當褒，孰當貶，其權便在寫史者之手。據當前情況論，全世界絕大多數國家多在反對美國。但今日倘果有一孔子其人者出，再來寫一部今日之春秋，美國與利比亞究竟孰當褒，孰當貶，則本乎作者之心，其他人不得干預。然而世界人群大道，則可由是而昌明，其有功於後世者至大，豈能一時估量。亦可謂自春秋以來，兩千五百年，中國人事卽多受孔子春秋一書褒貶之影響，此下全世界，亦可受當前一部理想的新世界史的影響。使此下人類知所從，知所違，而天下自可日臻於大同太平之一境。

盈天地間，千千萬萬事，變化無窮，說不盡，寫不完，但中國人所最看重者，莫過於人群相處之一事。自身至家至國至天下，皆在其內。中國史籍記載，最重在事之取捨。孰當寫入史，孰不當寫入史，寫入史中，則主要在褒貶。孰當褒，孰當貶，孔子春秋發其大凡。人類的生命不僅只限於一身，當作一家人、一國人、一天下人。不僅短短在百年之間，更應當承繼前代，開啓後世，作爲一百世人。人生之價值乃在此，中國史學之價值亦在此。

故中國史學實乃一種超出尋常的人生哲學，亦是一種超出尋常的人生科學。一切學問盡包在史學之內，而史學乃超乎一切學問之上。要明白得中國孔孟學說，要明白得中國民族文化，不得不先通中國之史學。

中國一切學問又最重禮，修身齊家治國平天下皆尙禮。大學中庸，卽收在小戴禮記中。淸儒有五禮通考一書，分一切人事爲吉、凶、軍、賓、嘉五禮。西方人尙法治，中國古人則尙禮治。今日有國際公法，中國之禮，則更在法之上。擴大推行，可以治國平天下。孔子說「禮之用，和爲貴」，卽不得已而相爭，亦貴有禮。故五禮中有軍禮，最當細究。有禮始能和，其中詳情，惜不能在此細講。

今天中國人要求昌明民族文化、民族精神，求知方面重在史，重行方面則在禮。當前如有大儒出，其重責大任，一在爲民修禮，一在爲國修史。史重在褒貶，禮重在因革。孔子曰：「殷因於夏禮，其損益可知也。周因於殷禮，其損益可知也。其或繼周者，雖百世可知也。」如晚世有臣見君行三跪九叩首之禮，非詳究史籍，則不知其因緣所在，但亦不得認此爲中國政治乃君主專制之一證。要之，非知中國傳統之禮，亦無以明中國史。但非讀中國史，亦無以明中國之禮。兩者實是一體，同爲中國民族性之表現。

詩云：「相鼠有體，人而無禮。」鼠乃一低級生物，僅有一具體之身。人係一高級動物，於具體之身外，當更有一抽象之生，此卽所謂禮。孔子言：「克己復禮之謂仁。」所克之己，卽此父母所生之身，所復之禮，乃由天命之性來。中國俗稱性命爲人生，此乃抽象之生。克己復禮，乃由人反本復始以歸於天，克服物質本體以復歸於精神抽象。克己者，仍由此一己。此爲自克，實卽自由。由人返天仍是人的功夫，而達人生之最高境界。非如西方人之尙法，乃由外治內，由別人來治此人。爲仁由己，而克己仍由己。故中國人之克己復禮，乃始由眞自由，眞獨立，眞平等，由己克己，天人合一，此眞可說是人生的最大功夫、最高境界。

顏淵問仁，孔子告以「克己復禮之謂仁。」故顏淵言：「夫子博我以文，約我以禮。」中國文化論其精深處，一切皆是禮。卽就史學言，如爲死者作傳，爲亡國作史，皆是禮。今人羨慕西化，鄙民族傳統於不顧，此亦非禮，乃至不仁而違天，卽大違背了自己的性命。

人生食衣住行，凡屬具體之身的一切動作行爲，莫不有其更高級的意義與價値之抽象之禮的存在。故中國人生，乃無往而不見有禮。禮乃中國人之抽象人生，亦卽中國人之高級人生。言政治，中國亦言禮治，不言法治。孔子言：「聽訟我猶人也，必也使無訟乎。」尚法則必有訟有刑，禮則必兼有樂。其屬於經濟人生者，則言「貧而樂，富而好禮。」故在物質人生中，不能無貧富之別。而在精神人生中，則有超乎貧富之上之更高一境界。中國人生只重禮樂相通，不重財富分別，其義卽在此。今天中國人則僅知有西方之法治，不知有中國之禮治。故人生僅求不犯法，不再仗禮。非有法律規定，乃儘可放縱自由。因其放縱自由，乃再加以法律規定。公羊春秋分世界爲撥亂世，升平世，太平世三種，今天的社會，則只可謂其乃一撥亂世。至於亂之能撥與否，則尚在不可知無可止之境。中國以往之歷史，則至少可稱爲在升平世，雖未達到太平世，而中國人生究有此一理想。史籍俱在，不得輕肆妄加以否認。

中國之禮有五倫，曰父子、兄弟、夫婦、君臣、朋友。人生不能單獨爲人，必有配搭；人倫之倫，卽互相配搭義，大體分五種，故曰五倫。其他世界各民族，苟屬群居，亦必同有此五倫。但無其名，無其義，雖有其倫而無其理，則人群何得平安相處。故今日人生，乃重兩種力量，一曰富，一曰強。非在財富與武力之下，則不得一日相安。而當前則除共產主義之外，又有恐怖主義之出現，試問人群又何得一日相安處。今日人類除商場與戰場外，惟有運動場，乃屬群相聚處。然每一運動會，必出於爭。不得已，始有和局出現。禮之用，和爲貴，此則惟中華民族乃有此文化。

故今天做一中國人，苟求不忘本，苟求仍爲一中國人，有兩大任務不可忽棄。一曰讀史，一曰守禮。可生則曰禮，可存則曰史。捨此兩者，中國人當不再有傳統之生存。亦更何其他民族生存之足言。

講到這裏，可再言中國人之體用論。有體纔有用，天是體，人只是用。人生違離了天體，更有何用。近代西方如美國哲學家杜威言，眞理如一張支票，該向銀行去兌現取錢。但中國人則必先問支票之眞僞，若是僞支票，不僅取不到錢，還得受處罰。中國人生中之禮，若亦用支票來講，禮必本於仁，本於心，乃是一張眞支票；孔子說：「巧言令色鮮矣仁。」那是張僞支票。今天的世界人類，正是僞支票盛行的時代。人人競把僞支票向銀行取錢，只求外面，不問內裏。只看將來，不問已往。只求變，不求常。不講本體論，僅求實用論。此等趨勢，將來又何堪設想呢？所以本篇特取名爲中國民族性與中國文化之特長處，稍提綱要，希望我國人，以及世界通情達禮之人，同循此途，詳加研尋。人類前途，庶有光明可覓。不勝禱祝期望之至。

講座介紹

錢穆先生近照

錢穆先生，字賓四，民前十七年（一八九五）生於江蘇省無錫嘯傲涇七房橋。七歲入私塾，十歲進新式小學，十三歲轉入常州中學。民國元年十八歲，開始在鄉村小學任敎十載半，自學苦讀。

民國十一年二十八歲，南赴厦門集美學校，為任敎中學之始。越一年，返無錫，任敎江蘇第三師範。後轉任蘇州中學，任敎中學先後八年。

民國十九年，為燕京大學國文講師。又一年，轉任北京大學，為在大學教授歷史課之始。其時並兼任清華、燕京及北平師範大學。民國二十六年，抗日戰爭起，任教西南聯大，二十九年轉赴成都，任教齊魯大學國學研究所。後轉任華西大學，並兼任四川大學。勝利後，三十五年赴昆明，任教五華學院，兼任雲南大學。三十六年返無錫，任教江南大學。

三十八年避赤禍赴香港，赤手空拳，創辦亞洲文商學院，後易名新亞書院。四十四年獲頒香港大學榮譽博士學位。四十九年曾赴美國耶魯大學講學，並獲頒耶魯大學榮譽博士學位。民國五十三年，辭新亞書院院長職。五十四年赴馬來亞大學講學。

民國五十六年來臺定居，五十七年遷居外雙溪素書樓迄今。五十八年應文化大學之聘，任教歷史研究所。七十五年退休。

重要著作：國學概論、先秦諸子繫年、近三百年學術史、國史大綱、史記地名考、中國文化史導論、湖上閒思錄、莊子纂箋、文化學大義、中國歷史精神、人生十論、中國歷代政治得失、中國思想通俗講話、中國思想史、宋明理學概述、國史新論、莊老通辨、兩漢經學今古評論、四書釋義、論語新解、秦漢史、陽明學述要、中國文化十二講、民族與文化、朱子新學案、中國文化精神、中國史學名著、理學六家詩鈔、孔子與論語、中國學術通義、靈魂與心、世界局勢與中國文化、中國學術思想史論叢、歷史與文化論叢、從中國歷史來看中國民族性及中國文化、雙溪獨語、古史地理論叢、中國文學論叢、八十憶雙親師友雜憶合刊、宋代理學三書隨劄、現代中國學術論衡等。

人文主義與教育

楊亮功

我們大家都知道，教育是人類特有的一種活動，也就是一種人文現象。因此，不論中外，從古到今，歷來的教育設施，都是以人爲中心，即所謂的人文主義的教育。但是到了近代，科學突飛猛進，特別是在西方，新興的科技教育，有時不免違悖傳統的人文精神，以致造成當前人類在生活、環境、社會以及國際政治等各方面的許多危機，值得我們從根本上加以檢討。

一、人文主義教育的要義

首先，我來說明一下人文主義教育的意義：

甚麼叫做人文主義（Humanism）呢？過去有很多大同小異的解釋，例如：克伯萊（Ellwood P. Cubberley）在其所著西洋教育史中（The History of Education），所作的解釋是：

「……人文主義（Humanism），此字係從羅馬字（Humanitas）而來，意為文化，且適用于所有其他國家的新學研究。」（楊亮功譯，第十二章，二四五六頁）

孟祿（Paul Momoe）在其所著教育史中，曾引用高利諾（Battista Guarino）對于人文主義一詞的說明有云：

「由于這種學習和訓練特別為着「人」，因此我們的祖先，稱這種學習和訓練為人文主義。卽一切活動的追求，皆適應于人類。……」（第五章，三七〇頁）

谷德（Carter V. Good）在教育辭典（Dictionary of Education）中的解釋則是：

「人文主義，通常是指一種强調人類尊嚴利益或人類在宇宙秩序中之重要的哲學。」（二七四頁）

藍頓書屋英語字典（The Randon House Dictionary of English Language），則解釋爲：

「任何一種系統或形式的思想與行動，其中以人類的利益價值與尊嚴高于一切。」（九六三頁）

歸納上面各種解釋，可以得一個結論。卽是人文主義（Humanism）一詞，係從羅馬字（Humanitas）而來，意義爲文化（culture）。換言之，卽是以「人」爲中心的文化；用之于教育上，卽是以「人」爲中心的教育。這種以「人」爲中心的教育，是指著教育上一切學習和訓練，都是爲著「人」（man），是「以人類的利益、價值與尊嚴高于一切」。並認爲一切教育上活動和追求，皆當適應于人類利益。

我國古代文獻中，雖無人文主義之名，然人文一詞，早見於周易，易賁卦之卦義爲文飾，其彖詞是：「文明以止，人文也。」又說：「觀乎人文以化成天下。」這兩句話實已具備人文主義之精神與實質，和克伯萊的解釋不謀而合。

接著，讓我在簡介古今中外有關人文主義教育思想的衍變情形。

二、人文主義教育思想的衍變

因爲西方在人文主義教育思想方面較有系統，我們不妨先介紹西方人文主義教育思想的衍變。西方在希臘時期，一切教育設施、教育理想，甚至宗教生活，均充滿了人文主義的精神。他們重視個人自由與評價，他們雖是個人主義教育，但並不意味著抹煞國家利益；他們注意德、智、體三育的平衡發展；他們的宗教只是偏向于解決「

生」的問題；他們是以美育代宗教，從莊嚴的宗教儀式上以培養公民人格道德。總之，希臘的教育是一種以「人」爲中心的、現世的、廣博的教育，這是希臘人文主義的教育精神。

到了羅馬時期，羅馬的教育亦是人文主義的教育。克伯萊曾說道：羅馬「父親訓練兒子實踐男子及公民所應擔當的實際任務。母親訓練女兒成爲一個賢妻良母。並且強調道德品格，服從父母，服從國家，和全心全意的服務。」（第三章，五〇頁）因此羅馬的教育把個人訓練、家庭子弟訓練和國家公民訓練融合在一起。

至於在宗教方面，羅馬人一樣崇尚實用。所以羅馬的教育亦是現世的，是以「人」爲中心的廣博教育，亦是富于人文主義教育的精神。

但到了中世紀，歐洲教育思想起了一個大轉變，由人文主義轉變到神本主義。教育思想乃是以「神」爲中心，教育的一切準備是爲著來世；因此，對于個人自由和尊嚴是被忽視的。

不僅如此，一個人要作爲一個基督徒，必須擺脫塵世一切以求解脫。包括家庭財貨，乃至自己的軀體，因爲它會阻礙靈魂升天，不惜以種種苦行自戕其身。可見中世紀的教育並非與個人發展有關的德、智、體平衡發展的教育。

到了十四五世紀文藝復興時代，對于中世紀神本主義的教育，經過了一種強烈而成功的反抗，又回復到希臘羅馬時代的人文主義教育，克伯萊在西洋教育史中曾說過：

「文藝復興是對中世紀的傳統及中世紀的威權，作斷然的拒絕。它恢復了古代教育理想，就是自我培養使自己成為現世有用而能成功的人。……培養能為教會及國家服務的人才，更廣大的商業生活，成為他們重要目的之一。」（第十一章，二九頁）

文藝復興時代的人文主義教育，一方面教人徹底學習古代史和文學，藉以瞭解汲取偉大的古代文化。一方面也注重道德訓練和體育。這種重視個人發展有關身體的、文化的、道德的廣博訓練，使之「成爲現世有用而能成功的人」，正是希臘羅馬古代教育精神的復活，而在基督教世界是一種未曾有的新思想。但是到了十六世紀，人文主義漸漸走向極端，將手段當做目的；特偏重於希臘拉丁文學研究，效習西塞祿風格拉丁文體，形成一種西塞祿主義（Ciceronianism）。竟將西塞祿文學的研究作爲教育上主要的目的，因此人文主義變爲狹窄的形式化的文學教育。到十六世紀末終於激起了反動，一種唯實主義（Realism）教育產生了，還有，科學研究亦同時興起。

唯實主義教育思想的發展過程，可分三個階段，即人文唯實主義（Humanistic

realism）、社會唯實主義（Social realism）和感覺唯實主義（Sense realism）。這三個階段的教育思想雖各有其重點，而其共同態度，皆是反對人文主義走向極端，反對與人類生活無關的文學教育。

這一連串的發展，由重視知識，進而講求實用，再進而注重感官教學，終于導致科學教育之發展。由十七世紀到十九世紀中葉，科學教育在西方大放異采。所有進步國家，英、法、德、美諸國小學、中學、大學都很快採用了科學研究教育，並大力發展科學教育。克伯萊在西洋教育史中說：「科學研究運動是與十九世紀早期的個人主義傾向，相契無間，與十九世紀下半紀的促進個人及國家福利，也和諧配合。」（第廿八章，四三頁）可知科學教育乃是本著人文主義再向前邁進。

但自十九世紀下半期起，科學教育又發展而爲高級實用科學式技術教育，它已逐漸有偏離人文精神的趨向了。

其次，談到我國人文主義教育思想的衍變，必須遠溯至于夏商周三代。依照孟子所說：「使契爲司徒，教以人倫，父子有親，君臣有義，夫婦有別，長幼有序，朋友有信。」（滕文公上篇）則虞舜時代的所謂倫理關係，已由家庭擴及君臣朋友。周禮中職司教育的地官大司徒：「以鄉三物教萬民」，所謂「鄉三物」，即是六德、六行、六藝。六德、六行以個人人格發展爲主，並注意于家族社會關係。至于六藝教學則是一種德、智、體平衡發展的教育。可見周代教育和古希臘正復相同，都可稱爲人文主義的教育思想。在宗教方面，中國古代有「敬天畏天」的思想，並且祭祀祖先，其重視祀典禮儀，旨在人格道德之培養。皆是切于人事，而與實際生活有關，這和希臘羅馬完全相同，都是現世的以「人」爲中心的人文主義教育。

人文主義教育思想至孔子而集其大成，孔子「有教無類」（論語衞靈公），是一位民主教育家；他一生的教育思想，是建立在一個「仁」字上，他說：「君子無終食之間違仁」（里仁）。又說：「志士仁人，無求生以害仁，有殺身以成仁」（衞靈公）。中庸上說：「仁者，人也。」孔子以「仁」爲教育中心，其實就是人文主義教育。又據說文解釋：仁从二人，是指人與人相互之關係。所以孔子的「仁」的教育，不僅是爲著個人發展，而且要推己及人。所謂：「夫仁者，己欲立而立人，己欲達而達人」（雍也）。一部論語所講的都是「仁」的教育，「仁」的教育卽是教人做人的教育。這種做人的教育，不僅要修己，還要進而齊家、治國、平天下。這種修己立人的「仁」的教育，正是古代希臘羅馬人文主義教育的精神。

孔子之後，有孟子、荀子繼承儒家人文主義教育思想。孔子一生教育思想建立在一個「仁」字上。孟子一生教育思想建立在「仁義」兩字上。孔子說：「仁者，人也。」一脈相承，皆是以「人」爲中心的教育思想。所不同者孔子以「仁」字統攝律己和待人諸德。孟子以「仁義」兩字表現律己和待人諸德，皆是教人做人的教育。孟子說：「居仁由義，大人之事備矣。」（盡心上）孟子講天人關係，引尚書太誓之說曰：「天視自我民視，天聽自我民聽。」亦是以人事爲主。到了荀子，則進一步推開天道，尊重人事。他反對墨子所謂「有意志，能賞善罰惡的天」的觀念。他在荀子天論篇中說：「天行有常，不爲堯存，不爲桀亡。」他承認天道運行有自然規律。但他不認爲這種自然的現象與人事有何關連。所以他說：「君子敬其在己者，而不慕其在天者。」他又說：「大天而思之，孰與物蓄而制之。從天而頌之，孰與制天命而用之。」荀子認爲人類當不止于遵循自然，而且要進一步控制自然，此卽現代所講的Conquest of Nature。

儒家人文主義教育思想到了東漢時期，由于印度佛敎之輸入（在紀元第一世紀），起了極大的變化，由以「人」爲中心現世的教育思想，轉變到無我乃至無生的出世敎育思想。佛教思想與人文主義原是相反的。不過到了隋唐之際，（從紀元四〇〇年到七〇〇年）由于佛教華嚴宗和天台宗的剏立，已使佛教思想與人文主義漸趨于調和。

華嚴宗認爲講入世法與講出世法不相衝突，現象界與眞如界一致。天台宗講修養身心，已使現實人生思想摻入佛教之中，已使人文主義與佛教思想調和了。

到了十一——十二世紀宋儒理學興起，繼承孔孟學術，又恢復人文主義思想，以代替佛教「無我」和「出世」的哲學。說者謂這是中國的文藝復興。

宋儒理學對于人生問題根據大學所講的修齊治平，特別注意于心性修養。如張橫渠所講的「學以變化氣質」，程明道所講的「學以求其放心」，程伊川所講的「正其心養其性」，朱子所講的「存天理去人欲」，以及陸象山所講的「明理」，皆是注意個人心性修養。換言之，他們都重視個人的修養和發展的教育。他們都是教人學做人，並講求己達達人，這都是古代儒家人文教育思想的繼續。

理學發展到晚明，專講「明心見性」之學，已漸流于空洞而爲世所詬病；而當時國家以科舉取士，考試內容，多爲策論詩賦，一般學子更趨重于文字技術，遂有所謂八股文，其害尤烈。故而明末清初之際，學術界遂激起一種反動，當時大儒如顧亭林、黃梨洲、王船山、顏習齋等人，皆起而反對與實際生活無關的文學教育。而主張求知識、講實用。這與歐洲由形式的文學教育轉到唯實主義教育的過程相同。不過在我國由于「科舉俗學入人之蔽已深」，雖有顧、黃、王、顏等之呼籲，而影響殊少。

要到清末民初才接受西方文化，剏設新學校，始以「尚實」「實用」爲教育宗旨，而西方早在十八世紀後半期，各學校已著手採用實用科目，在這點上，中國較西方已落後一百多年了。

三、人文主義與科學技術教育

講到科學研究，在西方當追溯到古希臘時代。古希臘人，曾有許多顯著的科學觀察與臆測，且爲後來的科學教育舖路。如泰爾斯（Thales 636-546 B. C.）、芝諾凡尼斯（Xenophanes 628-507 B. C.）、亞諾芝門尼（Aneximenes 557-504 B. C.）、赫拉克利圖斯（Heroclitus）、恩柏多克利（Empedocles 460-361 B. C.）及亞里斯多德（Aristotle 380-322 B. C.），均曾對物質有過極饒興趣的考察。泰爾斯認爲水乃係一切所由生的根本元素；亞諾芝門尼則認爲係由空氣；赫拉克利圖斯則認爲係由火而生；恩柏多克利認爲一切由火與熱以及不滅之力而生；至亞氏而總其成。亞氏認爲世界成分爲土、水、空氣、火及以太五種元素。中國古代亦有五行金、木、水、火、土之說。因此有人說，中國五行學說源出自希臘，很難確信。根據尚書大傳解釋五行有云：「水火者，百姓之所飲食也。金木者，百姓之所興作也。土者，萬物之所資生也。是爲人用。五行卽五材也。」由此可知，中國人所講的五行，始於「是爲人用」，可說是人文主義所引發。

希臘科學研究最盛時期，是在紀元前三、四世紀，亞力山卓亞（Alexandria）繼雅典而成爲世界學術中心的時期。當時，如歐幾里得（Euclid 323-283 B. C.），在幾何學方面；阿基米得（Archimedes 270-212 B. C.），在力學方面；喜帕卡斯（Hipparchus 160-125 B. C.），在天文學方面；以及赫羅費剌斯（Herophilus 335-280 B. C.），和伊拉西斯卓圖斯（Erasistrotus 280 B. C.），在醫學解剖學方面，皆卓有成就。

在中國古代科學研究，天算醫學遠較希臘發展爲早。周髀算經載：「包犧立周天歷度」。律歷志載：「黃帝著調整」。堯典載唐堯定歷法：「朞三百有六旬有六日，以閏月定四時，成歲。」因爲中國古代以農立國，制歷授時，無不關係于農事。其次醫學研究，在中國古代產生亦最早，以其關係于人類生命之故。世本載：「神農和藥濟人」。又云黃帝時「巫彭作醫」。其次水利學在中國古代發達亦最早，以其爲國計民生所依賴，尚書禹貢記載甚詳。又從周禮一書看，可知周代地理學、土壤學、植物學、動物學也已開其端。

科學研究在羅馬時代貢獻不多，因爲羅馬人重視實際，對于理論的研究或科學的推測殊少興趣，此種情形與秦帝國很相似。不過羅馬人的農業知識和手藝，在當時已首屈一指。嗣由中世紀僧侶而傳及西歐各地。而秦始皇焚書獨不焚醫藥卜筮種樹之書，似其無碍于思想統一，也無意中爲人類留下科學研究的珍貴資料。

到了中世紀，從五世紀到十三世紀。在這一段時期，歐洲在基督教控制下，只有天國思想而無人國思想。他們不信任探討與理智，甚至認爲科學只是一種邪術(black arts)，予以無情的排斥。他們以爲唯一值得研究的科學就是神學而已。而中國在此時期，在科學研究史上卻是一個重要時期，是一個輝煌時期。天文曆法之改革與醫學之研究，均有很大的進步。如後漢書列傳所載，楊厚、襄楷、劉瑜、任文孫、廖秋等人多精于星算天文之學。而張衡渾天儀之製作，尤爲漢代天文研究一大事。又後漢書華佗傳載方藥之外，還用痲沸散，刳破腹背，抽割積聚。可證漢代已有痲醉劑和解剖手術。三國時代地理學有卓越發明，當時的裴秀尤爲最偉大的製圖家。植物礦物也已開始有廣博之研究。如嵇含「南方草木狀」實爲討論植物病蟲控制一部最早的著作。唐代在科學研究不如漢代之盛。但在唐代卻有一事，值得一述，即是以天算著稱的一行和尚，對于恒星年的餘數（三百六十五日六時九分九餘之大小） 有幾近正確之計算。宋代除化學（火藥）發明外，有關爲人類謀福利的生物科學已發達起來。在醫學上並發明種痘，爲牛痘之先聲。尤其在宋代，並產生了幾位大數學家如秦九韶、李治和楊群等人。

歐洲到了文藝復興時期，科學研究開始重露曙光。這由于當時一些人文主義學者，從事復興古代文藝，進一步而謀求恢復古代自由生活。他們工作之被重視，不在其古文的發現，而在其科學的研究精神。因爲他們的工作，是發掘、蒐集、比較、懷疑、推論、批評、編纂、考證和訂正。這種批評與懷疑的精神，是近代科學研究精神的表現。

近代科學探究之崛興，是在十六世紀。一五四三年，波蘭天文學家哥白尼（Nicolaus Copernicus 1473-1543）發表了地球環繞太陽新學說，推翻過去托拉梅（Ptolemy 138 A. D.）的主張，而樹立了現代思想與科學探究的明確里程碑。培根（Francis Bacon 1561-1626）所倡導的歸納法，在科學研究方法上，更有劃時代的革新。不過在十七、十八世紀間，歐洲大學教育，仍爲神學所控制，不歡迎新科學方法。因此，當時所有指導群倫的科學家，多置身于大學之外。至十九世紀，科學教育在西方大爲發達，尤其是各大學，已成爲科學進步與科學研究的大本營。

但在中國唐朝（七—十世紀），即設有各種科學學校。而以醫學之設立最爲普遍。除中央以外，各地方皆設立醫學學校。當時醫學不僅在量的發展，並且在質的方面亦大有增進。當時醫學一類，卽分爲醫學、鍼學、按摩與咒禁四門，而每門亦往往設有分科。

總上所述，爲西方與中國科學研究及教育設施的概況，自上古以迄于近代，其中過程雖不盡相同，而所謂科學研究與教育設施，其目的則同爲適應人類利益，本著人文主義思想向前邁進。例如五行學說，在東方和西方皆最早卽被重視，以其基于「皆爲人用」之故。其次天文算學和醫學等科學研究，在中國及希臘皆在最早的時期就發達起來，亦以其關係于社會人類利益之故。至于科學教育在中國唐代（十世紀），中央與地方學校對于算學、醫學皆有普遍的設置。在歐洲到了十九世紀，科學教學在大中學校亦普遍發達起來。此亦由「科學知識，常爲人生準備工作最有用者。」

講到近代技術教育開始，最早國家依次爲法國、德國、美國。法國人在軍事工程和土木工程方面，承繼羅馬人衣鉢，早在一七四七年，便剏立公路橋梁專科學校，後又設礦冶專門學校。大革命後，又設立各種軍事醫學高級技術學校。德國亦早在一七九九年成立一些貿易學校，後來都發展成爲地位重要的技術大學。美國在一八〇二年，開始成立西點軍校。在十九世紀中葉以前，這種技術教育發展尚緩慢。至中葉以後，隨著科學的發展而大爲加速。世界上重要國家，皆開始積極發展技術教育。這種科學和技術結合的發展，爲人類帶來了實際的利益，如生產的增加、勞力的節省、死亡率的降低、壽命的延長、公共福利的保障，是無可比擬的。

近七十年來科學和技術的發展，突飛猛進，已達到最高峰。人類對于自然的探究，在外向方面，耳目和機器所及，已達到太空深處千萬光年之遙；在內向方面，人類藉儀器和數學之助，已可窮究直徑不過億萬分之一公厘的核子，且進而追尋到那些更微、更細、倏忽即逝、幽靈似的粒子。今日科學和技術的進步，眞是已達到莊子天下篇所講的「至大無外」、「至小無內」，以及楊子雲所講的「大者含元氣，細者入無間」的境界。而且仍在繼續不斷的追求中。

可是，這種科學技術走到極端的時候，往往會離開原有目的，卻將手段當作目的。而永遠不斷的追求，至于結果的善惡價值，則絕不計較。這樣追求下去，勢將使科學技術之發展，不但不能爲人類帶來物質福利，且將帶給人類災害與毀滅，現在各國軍備競賽就是一個很好的例證。

今日世界各國軍備競賽方興未已，赴蹈不息，焦爛爲期，終使人類歸于毀滅而後已。除軍事競賽製造戰爭威脅外，其他生態的破壞，環境的污染，尤其是道德的墮落，亦莫不是技術過份的發展，背離了人文主義爲人類服務與造福人類的正軌所致。

羅素在其所著「科學觀」一書中曾說道：「科學的力量要明慧的使用……而科學技術是要豐富人類生活，切不可壓倒它的服務的諸般目的。」社會學家索羅金（P. A. Sorokin）在他的「人道主義的重建」一文中也說：「科學家須抑制自己不從事于毀滅或損害人類的發現和發明，否則應被譴責爲謀殺或破壞者。同樣，政治家須抑制自己，不濫用科學工技，以鞏固權力鎮壓異己。」他們都希望科學和技術的發展要以倫理爲依據，豐富人類生活，而不從事于毀滅或損害人類。

現代一般人文科學家，如沙堅(Alima Sergent)、孚萊思蒂(Jean Fanrastie)、威爾（Georgeo Waill）等人，皆不斷的呼籲，恢復人類的信心，要以「人」的概念，爲科學教育中心，使技術成爲「人類化」，進一步擬造一種「技術的人文主義」。

國父對于科學與教育主張一方面要迎頭趕上，一方面要「維持四維八德」。先總統 蔣公則以「倫理、民主、科學」昭示國人。他們所提倡的科學與教育，總不離開傳統的人文主義。

由此可見無論中外，凡是高瞻遠矚的大思想家，都認爲科學教育，必須以人文主義爲中心，以造福人類。易言之，人類的利益與尊嚴，應該作爲科學教育的最高標竿。

四、結　語

綜括起來，關於人文主義與教育所談到的，可歸納爲以下幾點：

1.中國與西方教育同是以人文主義思想爲主流。這種傳統的以「人」爲中心的教育思想，是「以人類的利益價值與尊嚴高于一切」。經過了幾千年之久，遭遇到好幾次的挫折與偏差。而每次經過一番努力，又回復到人文主義正途。其衍變過程，中西如出一轍。

2.就人文主義與科學教育而言，西方與中國科學研究及教育設施的概況，自上古以迄于近代，其中過程雖不盡相同，而所謂科學研究與教育設施，其目的皆爲著適應于人類利益，本著人文主義思想向前邁進，並無異致。

3.近幾十年來科學和技術的發展，突飛猛進，已達到最高峰。可是，這種科學技術走到極端的時候，往往會視技術本身就是目的，對于原來造福人類的目的，反而漠不關心。這種不計善惡價值而一味的追求結果，勢將使科學技術之發展，不但不能爲人類帶來物質福利，且將帶給人類災害與毀滅。

4.由於科技發展到今天，已開始走向人類自我毀滅的歧途，因此高瞻遠矚的思想家們認爲這是值得隱憂焦慮的事。除非我們自甘毀滅，同歸於盡，否則，只有重振人文主義精神，來指導這無韁野馬使它就範馳驅了。

講座介紹

楊亮功先生近照

楊亮功先生，安徽省巢縣人，民國前十五年出生，畢業於北京大學中國文學系；後又赴美進修，獲得史丹福大學教育碩士學位，曾入哥倫比亞大學師範學院研究院深造，並取得紐約大學哲學博士。

楊先生赴美之前，曾應聘至天津女子師範任教，並擔任安徽省立一中校長，回國後，即出任河南大學教授兼文科主任，後來擔任中國公學副校長，在這段期間，一方面調整系科組織，一方面延聘學者教授，並積極培養學生的讀書興趣，成效非凡。民國十九年，出任安徽大學文學院院長兼代校長，第二年，接任安徽大學校長，力謀校務之發展，並提高教授素質，培養優良校風。當時，楊教授延聘之教授，皆為當時碩彥，如常道直教授、張慰慈教授、王陸一教授、丁緒賢教授等，同時，為提高學生的讀書興趣，特別鼓勵學生辦雜誌、組織各種學術社團，這種方式，至今仍為各大學校長所樂以採用。民國二十年，楊先生辭去安徽大學校長職務，回母校北大服務。

民國二十二年，楊先生就任監察院監察委員。抗戰軍興，調任為皖贛閩臺監察使，在任十年中，冒險往來大江南北，雖不直接擔任教育工作，然於地方文化與教育事業，仍極為關注。

民國三十七年，楊先生再度出任安徽大學校長，三十八年抵臺後，受聘主持臺灣省立師範學院教育系系務，同時兼任監察院秘書長及光復大陸設計研究委員會委員。

民國四十三年，任考試院考試委員，四十七年冬奉派出席「公共人事行政學會國際會議」及「聯合國教科文組織第十屆大會」。民國四十九年連任考試委員，後又接任考試院副院長、院長，六十七年，奉聘為總統府資政。

楊先生曾先後在國立暨南大學、國立北京師範大學、私立民國大學、私立金陵大學、國立中正大學及國立政治大學等擔任兼任教授，多年來，作育英才，在臺灣教育界工作的同仁，鮮有不受其教誨的。

楊先生孜孜不倦，經常有新書出版與論文發表，其充沛的治事精力與嚴謹的為學態度，尤受人仰佩，完成的著述或翻譯有：「教育局長」、「中學課程之改進」（英文版）、「美國州立大學董事會之組織與職權」（英文本）、「中山先生教育思想述要」、「西洋教育史」（譯本）、「教育學研究」、「中西教育思想之演變與交流」、「王雲五社會科學大辭典教育篇」、「中西教育思想之演進與交流」、「早期三十年的教學生活」、「孔學四論」、譯有克伯萊「西洋教育史」等書。

楊先生平居以「讀書」、「教書」、「寫書」自相期許，以其學養之深厚，加以數十年的經驗與心得，成果之結晶，將是中國近百年教育史上最有價值的資料，而楊先生為中國當代教育界的泰山北斗，實當之無愧。

研究中國哲學之文獻途徑

牟宗三

大體說來，西方的哲學家，或者是研究西方哲學的人，是重問題性的研究。問題性的研究，就是重思考，重邏輯。所以大體的說來，唸西方哲學的人，走的是邏輯的入路 (Logical Approach)。因此西方歷史上一代一代出現的哲學家，都是就着一個問題而提出新的解答，形成一個新的系統。所以西方的哲學很有系統性，西方哲學家很能夠造系統。但這樣說並不表示西方唸哲學的人，就不讀書。他們亦讀，但是他們所讀的哲學作品，原來就有系統性，而他們讀的時候，是要看這一系統是要解答一個甚麼問題，這解答是否能令人滿意，有沒有可批評的地方。所以他們可層出不窮地提出新觀念、新問題。西方人專門研究某一家的古典著作，這也是有的，這是屬於古典學。古典學所研究的，既然是原本就很有系統的哲學著作，那也須要有了解，但他們的研究，比較重視原文的語句之注疏；語句的了解，這是很專門，很仔細的。譬如說，關於希臘哲學，有些人專從希臘文入手，來研究柏拉圖、亞里士多德。這種是所謂專家研究性的，這是一般說屬於古典學，是帶點文獻性之研究，很重視某一個字之使用，這是很細微的專家之學。而讀哲學系的先生學生們，常常不一定需要如此。我可以大體的了解一個柏拉圖的主要觀念，就柏氏之系統，看他提出一個什麼主要的觀念，提出這觀念是要預備講一個什麼主要的問題，這大體一般人可以了解，而且不會有大錯，不會有南轅北轍般之相反的了解出現，這種出現截然不同的理解之情形，在西方哲學的發展史上，大體上是不常有的。故哲學系大體走的是邏輯的進路，注重個人的思考。因此西方哲學家很會造系統，每一個人都造一個系統出來。

但是反過來看中國哲學，常常並不如此。中國的哲學，不像西方那樣的很有系統，它原初所走的就不是邏輯的進路。譬如說中國思想最蓬勃時期的先秦諸子，如孔孟老莊，大體都不是很嚴格的邏輯系統。譬如說讀論語，論語並不是一個系統，而是嘉言懿行錄。你可說它是這裏一句，那裏一句的，零零碎碎。就是其他的，譬如說孟子，孟子七篇亦只是弟子的紀錄；最有系統的，只有告子篇上。從告子曰「性猶杞柳也」一直至上篇完，一氣呵成，很有系統性。按常情論，這比較有系統性的部分，應比較容易了解。但事實上卻不然。這告子上篇，兩千多年來，中國人不能夠充分的了解之。由孟子至現在，二千多年，幾乎每一個讀書人都讀過的。唐宋以來，四書尤受重視，從小孩起便讀，一直讀到成年，或進士。但讀的結果是不懂。其他的沒有系統性的文獻，那便更難，這裏一句，那裏一句，如何來了解呢？故以西方人的眼光來看中國的思想，是很麻煩的，很難了解。所以有一個洋人就不了解，他說爲什麼你們中國人這樣尊崇論語？這論語毫無道理，東一句，西一句，又沒有定義，沒有系統，這樣而如此的受尊崇，好像是不可思議的。這樣的說法，發自西方人，不算稀奇。西方人的習慣，要講話便先要下定義，有概念、有系統性才過癮，而我們的論語沒有，故西方人發這種懷疑的態度，是很可理解的。但漸漸地不一定是西方人如此，我們中國人亦漸漸有此懷疑的態度出現。不只是現代的年輕人，在五四運動時的人，已是如此。五四那時代的人，到現在已是八九十歲，現在看起來，不都是老師宿儒麼？但他們都不能讀文獻，不能理解。這是一個十分嚴重的問題，這情形是大家眼前所看到的。假若不是有這樣嚴重的問題，共產黨也不可能起得來，這是很明顯的事實。所以研究中國哲學這一方面，讀文獻成了一個很重要的事情。不能像西方哲學那樣，走邏輯的進路，而要走文獻的路，由讀文獻而往裏面入。但讀文獻是很困難的，所以我今天這個題目就是單就中國的特殊情況說的。

我首先聲明一下，我現在所重視的文獻途徑，是重視文獻方面的研究或了解，和一般人所想的意思，或許不大相同。因爲一說文獻途徑，範圍很廣泛，一般人平常所說文獻的途徑，便等於歷史的途徑(Historical Approach)，或者是考據性的。歷史的或考據的路所重視的着眼點和我們不同。這着眼點的不同在那裏呢？諸位就社會上表現出來的可見一般。大概走這條路的，會很重視版本，版本也是文獻呀。如果發現一個新的版本，那便了不起，好像發現一個寶貝似的。譬如說，大陸在湖南長沙發現一個老子的新版本(卽帛書老子)，大家便覺得了不得，研究老子的人，非得要找這版本來看看不可，若沒有找來看看，便好像對老子不敢講話似的。在以前，亦曾發生過許多版本問題，如在敦煌發現過一些新的版本，大家亦覺得好了不起，於是有敦煌學的專家。胡適之當年的考據禪宗的神會和尚，主要的便是根據敦煌本的六祖壇經來考證。敦煌本壇經和通行本壇經有幾個字的不同，於是胡適便下斷語說壇經是神會和尚僞造的，這其實是毫無道理的。我也不須經過考據，便可知此說不通。由另一版本，或許可以發現有幾個句子，幾個字和一般所讀的本子不同，但若據此一二處的不同，便斷定現行的壇經全是神會的僞造，這是不合邏輯的。但是重視版本學的人，卻很重視這一套，這個也是文獻的路。我今天講的文獻的途徑，並不是這個意思。在我看起來，從古代一直保存下來的文獻，儘可有版本的不同，如論語便有魯論、齊論及古論語之不同，而老子王弼注本與河上公注本亦有不同。但這些不同，對於文獻的重點，主要句子的了解，又會有多大的影響呢？我看沒有多大的影響。如老子的新版本。對於老子的主要句子，重要文字，並無多大的改變。我對於版本的不同，並不大重視，雖然在有新的版本被發現出來的，我們亦會找來看看，但不會像一般人那樣的大驚小怪。我們所重視的文獻途徑，是照上面所說的，中國古代的文獻文字簡略，大體爲後人的紀錄，寫的時候亦不是很有系統，很邏輯的，不是先經過下定義，然後推理，一步一步給你擺出來，清清楚楚的。故了解起來十分困難。我們現在奉勸諸位，不要把精神浪費在上天下地找材料、找版本的活動上。做別的研究，或許需要上天下地的找材料，但唸哲學並不需要如此。我所說的文獻的途徑的意思，最主要是重「理解」。

民國以來，中國人的對學問的理解能力，喪失得不成樣子。你不能說中國人不聰明，但在這方面，很差，很愚蠢。就算是很普通，很好理解的東西，卻可被理解得亂七八糟，人們總要想從那裏面出些怪花樣，如是對古典都不能了解。年輕的人對古典不能了解，還可以說得過去，但老年人、老先生亦是不能了解，全都喪失了理解的能力。照這樣說起來，中國幾千年的文化，究竟是在那裏呢？文化的發展，發展出個什麼來呢？好像中國人一直都在那裏睡覺似的。事實上並不如此，中國人以前是很有理解力的。儘管古代的注疏家也有說法不同的地方，也有錯誤的地方，但大體上是能了解的。就只是到了民國以來，了解古典變得很困難。譬如說漢人注經，很簡單，只是將字解釋一下，並沒有說句子的意思，亦不大說文義，然亦無許多謬說。究竟他們了解到什麼程度，則很難說，他們沒有詳細講出來，但我們也不能說他們沒有了解。至少我們不能說他們有什麼偏見。很簡單，這是所謂古注。如趙岐注孟子，清朝的焦里堂（循）便根據趙氏注作孟子正義。趙注只是文字上的訓解，不一定有什麼偏見，代表什麼立場，可是到了焦循的孟子正義，便根據趙注來反對朱子，大量引用戴東原的說法來反對朱子，就是朱子講對了的，也硬說不對。他表示自己是漢學，而朱子是宋學，這偏見便來了。趙注本身並無這立場，只是解釋字義，根據古訓的理解而注出來。所以中國人對學問理解力的喪失，大概是從清朝開始的。清朝三百年，對於中國文化的斲喪，十分厲害，因爲我們民族是受異族的統治，民族生命受挫折，文化生命就受歪曲，那是很自然的現象。雖然滿淸有三百年這麼長，但仍是一個大歪曲。這三百年很長，大家住久了，漸不自覺，而忘掉那是一大歪曲。故清末民初那些高級知識分子，對中國的古典大都不能講，不能了解。譬如說梁任公先生，你不能說他程度不高，中文不通，但他以爲王船山的書不可理解，他不能了解，就是這樣的一種情形。

爲什麼說以前的人比較能理解呢？譬如說儒家之學，它有其本身的傳統，代代相傳，有其一定的講法。如漢朝的經學，你要是講公羊春秋，是要守家法的，他們讀書很熟，有規矩。雖然漢儒的注解只是文句上的解釋，但大體上義理是不錯的，只是沒有說到十分精微的地方。到宋儒出來，把全副精神集中在四書之研究上，四書是最可以把孔孟的精神顯出來的文獻。由於宋儒全副精神集中於四書，所以能夠比較深入，比較有深度的理解。漢儒比較不重視四書，對四書只是作一般性的文獻來理解。宋明六百多年的儒學，是有一個中心問題在那裏領導着的，因而形成一個發展的系統，大體上是不亂的。他們對四書的了解，也許會有些距離，不一定能完全符合四書的原義，但大體上是不差的。他們能把儒學的核心觀念抓住，輾轉討論引申，討論了六百多年，長時間的磨來磨去，總會磨出一些東西，所以雖然他們用心討論的範圍也許很狹，但就對四書的理解，對儒家的核心問題的研究來說，是很有貢獻的。你不滿意可以，但你非薄他們，便不可以。他們確能把握儒家的核心，把最主要的骨幹抓住，這便成爲一個傳統。

又譬如你要講道家亦有一定的講法，不可亂講。如老子、莊子，文獻俱在。莊子文章漂亮，大家都喜歡讀，但說到了解，便很難。老子五千言，看似簡單，其實亦是很不容易了解。而以前對道家的講法，大體上是不錯的，因那是中華民族自己發出來的東西。儒家和道家都是中華民族由虞夏商周相沿的傳統一根而發出來的，自有一種氣氛，以前的人能嗅到那氣氛，故都能了解。現在的人，漸漸不能嗅到那氣氛，便漸漸不能了解。故講道家，是有道家的講法的，後來便是吸收佛教。講佛教亦有佛教的一定講法。佛教較嚴格，較有系統性，概念性。問題是名詞概念太多，很麻煩，那是另一套語言，故很難。但亦有章法，不可亂講。你要了解佛教，不知要費多少年的工夫才能入，把它把握住，不可以望文生義地亂講，以爲隨便看看便可以了解佛教。中國吸收佛教，從魏晉起，經過南北朝隋唐，至唐玄奘回國，便把佛學全部吸收到中國來，這其中經過了四五百年的長期吸收消化。佛教代表一系統，一方向，這方向可以說是智慧的方向；了解一個智慧的方向是不容易的。

所以你若要了解中國哲學這兩千多年的發展，便要了解三個義理系統。儒家是主流，是中國思想的正統；道家是旁枝，這可以看成是對于儒家的一個補充，或提醒。

後來吸收了佛教，佛教是由另一個文化系統而孕育出來的義理系統，對中國文化刺激很大。所以你要研究中國哲學，便要從文獻入手，對這三方面的文獻傳統，便不能不注意。亦因此我們讀文獻是有一定的範域，一定的限制的，並不是氾濫無歸徒爭博雅之名。讀哲學最重思考，不能再是雜而無統，雜七雜八的知道許多東西。所以就義理系統講，讀文獻並沒有很多，但這並沒有很多的文獻；民國以來的學者，都不能讀，就是連對孟子也不能理解。所以我常感慨，這一代的中國讀書人，實在對不起古人，對不起先賢。這一代的人思想力太差，連孟子亦不能講，不要說義理不能理解，連文句亦不能通。孟子的文句很簡單，用不着許多校刋、訓詁，但就是這樣一個普通的文獻，亦不能了解。論語亦是很簡單，用不着許多校刋，大學、中庸亦然。大學也許稍爲痲煩點，有版本的問題，有朱子與陽明的爭論，但文句是很簡單的。中庸則沒有版本問題，亦用不着許多訓詁，但現代的人，又有幾個能眞正了解中庸呢？所以我們重視讀文獻，第一步先通文句，但這通文句不只是像淸朝乾嘉年間的訓詁考據，先根據說文、爾雅，找出這個字那個字的造字本義，這樣做是沒有多大用處的。這樣只能了解在說文爾雅中的那個字，不能了解論語、孟子中用這個字的文句，了解字與了解文句是兩回事。你說識字後便可了解文句的意義，訓詁明則義理明這話是不通的。訓詁是訓詁，字義雖訓了出來，但用這字的句子之意義，你不一定能了解。而且用這個字的思想家，他使用這個字的意義，不一定是說文、爾雅書中的這個字的意義，而或者是用引申義，或者許多其他的意義，故並不是光了解在說文爾雅中的這個字的本義，便可以了解的。

我們所謂的理解，便是了解句子，了解句子是不容易的，但這不容易尙只是不容易中之初步，還是比較容易的。而句子與句子關聯起來成爲一段文章，便更不容易了解。至於前段和後段關聯起來，成爲一整篇文字，要貫通起來了解，便尤爲困難。所以你不要以爲一段文章沒有難字，很簡單，便很好了解。譬如孟子告子篇有一章說「乃若其情，則可以爲善矣，乃所謂善也，若夫爲不善，非才之罪也」一段，這便是句與句連成一段文章，便很不好了解。這段是公都子問孟子關於人性的問題，有人說性是中性的，又有人說性有善有惡，爲什麼你單單說性善，難道那些說法通通都不對嗎？公都子提出這問題，孟子便要有個答覆，但孟子的答覆卻像是憑空而來的：「乃若其情……」對於這一段的解釋，我曾修改了三四遍，才覺得較爲妥當。這段是很不好了解的。所以你說訓詁明而後義理明這話，乃是沒有眞正地、老老實實地讀古典才會說的話。假使你眞正地老老實實地讀古典，把古典作古典看，而想眞正去了解其中的意義時，你便不會說這話。假若你是說文爾雅的專家，你當更不會說這話。說這句話，那是表示你是外行。

我舉一個最明顯的例子，荀子書中有這樣一句話：「隆禮義而殺詩書」（見荀子儒效篇），隆是崇尚，殺是減殺、貶抑。隆殺相對爲文，這是很顯明的。荀子尊崇禮義而貶抑詩書，這意思在荀子書中是隨處可見的。荀子之思想有其特殊處，和孟子不一樣。孟子則是長於詩書，重視詩書。荀子以爲詩書雜而無統，詩只是抒情，書只是些材料，沒有什麼道理。故荀子較質樸，較笨，他看詩書，只就詩書自身所表現的樣子看，看不出什麼道理來。而孟子讀詩書，則由之而起悱惻之感，超脫之悟，因而直至達道之本，大化之原。可見孟子及荀子兩個人的心態不同。孟子才大慧高。荀子則較笨，誠樸篤實，故要隆禮義而殺詩書。這是荀子的特殊主張。但乾嘉年間的考據家，作爾雅義疏的郝懿行，卻不懂隆禮義而殺詩書之義，他大概認爲詩書是聖人留下來的，怎可以減殺，所以殺字不通，要改。他說殺字應改爲「敦」字，卽此句應作「隆禮義而敦詩書」，這眞是不通之甚。郝懿行只能識字，他作的「爾雅義疏」作得很好，把爾雅中的每個字的相關文獻都鈔引在一起，廣徵博引，很見功力。但他根本讀不通荀子，他只是識字，而不能識句，根本沒弄通文句之意義。對由文句而聯成之文章，那便更不能讀了。我眞不知乾嘉的考據家，讀書讀出個什麼來，他們根本不能亦不想了解文義。這當然不可一概而論，在淸儒中，王念孫是可以讀通文句的，他提出來的訓詁考據的意見，大體是可靠的。他是讀書而又能了解的，他能了解字句。但進一步對于義理，他能了解到什麼程度，則是另一回事，他可說：我對這方面並無多大興趣。

由此我們可知了解的困難，思想家發出這些話，是由他個人生命中發出的一種智慧，所以你要了解這些話，那你的生命中也要有相當的感應，才可以。他所發出這智慧的背境、氣氛，及脈絡，你要懂。這就不是純粹的訓詁便可以了解的。譬如我再舉一個簡單的例子。孟子曰：「形色，天性也；惟聖人，然後可以踐形。」（孟子盡心上）這簡單的兩句話，我好久都弄不明白，不能了解其中的意義。前一句說的是形色，下一句說踐形，把色字省略掉，這是什麼意思？爲什麼說形色是天性，踐形是什麼意思？一般人籠統的看，也可以看出一點意思，但若要嚴格的了解文句，不隨便發議論，便不容易。此上句中天性之性字，不是孟子在討論性善性惡時的性字之義，在說性善時，性字是實說人性。形色天性也之性字若作性善之性字解，則下句便應說惟聖人然後可以踐性，但他卻說踐形，這便顯上下抵觸。我忽然想到，這性字其實卽是生字，性字和生字在戰國時還是可以通用，在荀子書中，是常常通用的；而在孟子書則不常見，只有在此一章上是如此。孟子重在討論人性之善，性便是性，沒有寫成生字。但性生通用，性者生也是古訓，在春秋戰國仍是如此，故孟子此句之性字，可作生解，雖然這在孟子書中是一例外的用法。形色天性也，即是說形色是天生的。形色是指人的四肢百體，這色字亦不好解，色非顏色之色，而是如佛教所說色法之色，即物質的東西，有形體可見的具體的東西。故西方人譯此色字時，意譯是，物質的東西（Material things），就字面的意義直譯，則譯爲形體、形態（Forms），此 Forms 是具體的意義，非柏拉圖所說之理型義。故「形色天性也」即是說四肢百體是天生的，自然而有的。下一句「惟聖人然後可以踐形」，更不好解，「形色天性也」一句，性若解作生，則下句便好講。性字作生字解，這是訓詁問題，而這句「惟聖人然後可以踐形」，則是理解的問題，不是訓詁的問題。人人都有其形體（形色即形體，故下句可省略色字），人人都有四肢百體，耳目口鼻，但爲什麼說那麼重，說只有聖人才能踐形呢？所以這句是個理解的問題，而不是訓詁的問題。孟子說這話，便表示出一個智慧來。說只有聖人可以踐形，我們都做不到，這是什麼意思？何謂踐形？人人都有四肢百體，但誰能好好地用其四肢百體呢？故有耳的，當該善用其耳，有目的，當該善用其目，這便是踐形。這踐形之義，了解起來是不很容易的，而要實行起來，更是不容易。什麼叫做有耳當該善用其耳？此如佛教重聲聞之意，若有佛出來說法，你便要仔細聽通過佛的講說聲音而得聞佛法，此之謂正聞。這就是踐耳官這一形體之正用了。假若你有耳而不知善用其耳，天天去聽靡靡之音，那你便把耳糟蹋了。我們生命的過程，在現在的文明之下，幾乎全是糟蹋耳目的過程，耳目糟蹋完了，人的生命亦完了。以前人說平視，便是要人善用其目。故孔子說要非禮勿視、聽、言、動。老子亦說「五色令人目盲，五音令人耳聾，五味令人口爽，馳騁田獵，令人心發狂」，這都是糟蹋我們的四肢百體的。要善用其耳目口鼻而不糟蹋，是很不容易的，故惟聖人然後可以踐形。孟子說這話，便表示出孟子的智慧之警策與夫對于人生體驗之深，這便要靠了解。要靠了解，便是一個義理問題，而不是訓詁的問題。要了解這句話，需要有相應的智慧上的感應與體驗人生進德之艱難，否則你便不能了解。生命不能相應，無所感，不能了解，於是便亂發議論，這便是現代人的毛病之所在。

由上述的簡單的例子，可知讀中國的文獻，理解是最困難的；這些文獻幾乎人人都讀，而沒有幾個人能眞正了解。對於文句有恰當的了解，才能形成一個恰當的觀念。如是才能進到思想問題。說到思想問題，便要重概念。若要講古人的思想，便不能隨意發揮，這便要先了解文句。了解文句，並不是訓詁文句。若純粹站在訓詁立場上講，孔子在論語中所講的仁，便沒有下定義，亦沒有訓詁，但孔門弟子多問仁，而孔子答語不同，好像前後不一致。可知孔子之回答問仁，不是用下定義、訓詁的方式說。然則孔子那些回答弟子問仁的話，如「顏淵問仁。子曰：克己復禮爲仁」，「仲弓問仁。子曰：出門如見大賓，使民如承大祭，已所不欲，勿施於人」，又說「恭寬信敏惠」爲仁。然則究竟什麼是仁？孔子說的這些文句，是否有意義？若照讀西方哲學如分析哲學的人的說法，那根本便是沒有意義，根本不清楚。所以現在有人發議論，說不要讀中國哲學，因中國哲學語意不清。故孔子這些話究竟有沒有意義，可不可以理解？這便成了問題，這並不是訓詁的問題。故了解文句，是最基本的工夫，了解了這些文句，才能形成一恰當的概念，一到概念，便是思想。概念與概念聯結起來，便是義理。古人所謂的講義理，義便是概念，而概念與概念之間的關連，便是理。形成一概念便要用文字來表達，孔子和孟子在說這些話時，他們心中有些什麼想法？想些什麼問題？孔孟的心中總有個想法，有個生命上的體驗。你要懂得孔孟說這些話的意思，固然要仔細通文字，但同時亦要懂得孔孟說這話時生命的內蘊及其文化的背景。若果你對他們的生命沒有感應，又把他們的文化背景抽離掉，而孤立地看這些話，那你便完全不能懂。現代人了解古典的困難便在於此。現代的人對古典全沒有生命上的感應，不知道孔孟的這些話是什麼問題，是那方面的話，不知道他們所說這些話的社會背景、文化背景是什麼，而只會用些不相干的浮薄觀念去瞎比附，這便是現代人了解古典的一個很大的障礙。

再舉一個簡單的例，以說明現代人了解古典的困難。程明道有下面的一句孤零的話：「觀天地生物氣象」，這句話以前的人大體都可以了解。只要稍爲對儒家經典有點薰習，都可以懂。然而現在的許多專家，便不能了解。有人把這句話翻爲「觀察天地間有生命的東西底 disposition」，這顯然是莫名其妙的錯誤。他把「天地生物」譯爲「天地間的有生命的東西」，這明顯地是譯錯了。有生命的東西有什麼氣象可觀？而「氣象」他亦不會譯，遂把「天地生物氣象」譯爲「天地間有生命的東西底意向（disposition）」。「氣象」譯爲 disposition 是根本錯的。「觀天地生物氣象」這話，明明是根據中庸而來的。中庸說：「天地之道，可一言而盡也，其爲物不貳，則其生物不測。」生物不是有生之物，生字是個動詞，天地創生萬物，如此方有氣象可觀。此句意卽「觀天地創生萬物之氣象」，如此了解才有意義。程子亦曾就孔子言

「老者安之，朋友信之，少者懷之」而言「觀聖人之言，分明是天地氣象」。聖人使物物各得其所，亦如「天地位焉，萬物育焉」。聖人氣象卽是天地氣象。天地氣象卽是天地生萬物之氣象。揚雄云：「觀于天地，則見聖人」。伊川云：「不然，觀于聖人，則見天地。」莊子德充符記叔山無趾語孔子曰：「夫天無不覆，地無不載，吾以夫子爲天地，安知夫子之猶若是也？」以天地比聖人，或以聖人比天地，是中國的老觀念。于聖賢說氣象，于英雄說氣概，這亦是中國原有的品題詞語，凡此，現在人都無所知，故有那種怪譯。中國哲學思想本來是很合理的(Reasonable)，但照現在的人的講法，都變成古裡古怪的，不可通。所以你說這一代的中國人，能對得起中華民族嗎？能對得起民族的古聖先賢麼？現代的人的思想力全都沒有了，這很可怕。

所以我們講文獻的途徑，第一步要通句意，通段落，然後形成一個恰當的觀念，由恰當的觀念再進一步，看看這一觀念是屬於那一方面的問題。這樣一步一步的往前進，便可以有恰當的了解，而不會亂。所以會亂，都是因爲對文句沒有恰當的了解，而所形成的觀念都是混亂不合理的觀念，於是也就不能了解原文句意是屬於那方面的問題。所以有人在講易傳的坤文言時，把「直方大，不習無不利」這話中的直方大，解爲幾何學上的直線、方形，及無限的空間。坤文言這句話雖然太簡單，不好了解，但它的意思，歷來都沒有其他的講法。以前人都知道直方大是德性方面的概念，是重視德（Virture）的，而你卻要將之講成幾何學，這怎麼可以呢？他說我就是要把它講成幾何學，我要把它科學化。這樣便壞了，這便是這時代的大障礙。這種講法，是完全不負責任的，只是亂扯，這叫做沒有學術的眞誠；沒有學術的眞誠，學問便會喪失了軌道，學問一旦喪失了軌道，則任何人都可以隨意亂講。他們每藉口學術思想自由而亂說。其實學術思想自由，是要根據於學術尊嚴而來，學術的尊嚴，根據於學術本身有它的軌道、法度。不能運用權威，不能說我一做了官，便無所不能，便是有學問。談學問，要請教學問家。如你要研究原子、電子，便要請教物理專家，這是一定的，這叫做現代化。我們現在天天都說政治現代化、經濟現代化，卻不知道你自己這個教育學術便不現代化，這是很可怕的現象。你光說人家要現代化，而自己卻不現代化，自己卻不守規矩，不守學問的軌道、法度。以前人都有法度，如前面所說，經學的今文學家須守今文學家的法度，古文學家須守古文學家的法度，不能亂，現在卻全都喪失了。

所以要重視理解，能理解才能有恰當的觀念。譬如說老子道德經，這又是另一種智慧之提出。如說「道可道，非常道；名可名，非常名。」這裏沒有須要訓詁的問題，只有靠你理解，看你能不能理解這兩句話，這純粹是思想問題，而且還不是普通的思想，而是智慧。「無名，天地之始；有名，萬物之母。」道家的智慧便是「無」的智慧，究竟何謂無？又何謂有？「故常無欲以觀其妙，常有欲以觀其徼」，這些句子你了解不了解呢？現在的人都不能了解。不了解便說不了解算了，但現在的人都要用種種不相干的新名詞、新觀念來攪和，弄得亂七八糟。故現代人不守規矩，瞎比附的本事很大。本來若有可比較的地方，是可以比較一下的。比附靠想像(Imagination)，想像有創發性，也很重要，康德也很重視想像。但想像也要有想像的軌道，不能隨意亂想。何以現在中國人的比附本事特別大？那是八股文習氣的後遺症。八股文不是學問，只是耍小聰明，那完全是訓練你比附、瞎扯。隨意的比附，然後以之乎者也湊起來，便是一篇八股文。這習慣養成後，影響知識分子非常大，使中國人到現在仍不會運用概念，不能有概念的思考（Conceptual Thinking）。現在我們說學西方文化的好處，便是要學概念的思考，你不會運用概念，便不能現代化。概念不是很高的層次，但必須經過這一步。概念這一步，亦好像是孔子所說的「興於詩，立於禮，成於樂」中的「立於禮」一階段。我們的生活、人品，要在禮之中才能站起來，故曰立於禮。我們的思想能夠站起來，能挺立起來成爲一個思想，便要在概念中才可以。故這二者是相平行的，我們的人品要立於禮，可類比思想要成其爲思想，要在概念中。離開概念，思想便不能站立起來，而只在感性的層次。故我們常說，社會上一般的人，只是停在感性的階段，而沒有進到概念的階段。你不能輕視這個，這影響很大。現代中國的大悲劇，亦是因爲頭腦沒有概念化而造成的。共產黨人訓練了一套不成概念的意識形態—虛妄理論，便可以把知識分子的頭腦全部征服了。只有一般世俗的聰明，是抵抗不了共產黨的。若輕視思想，而重感性，這便表示你的思想意見大體是停在感性的層次上，或是在想像的階段中，那你在面對共產黨時，便會吃虧。以前在民國卅八年，我們撤退到臺灣來時，便會有人提出這個意見，我們之所以有這樣一個大挫折，其關鍵便是在於此。

思想要在概念中立，如同人品要在禮中立，所以我們講文獻的途徑，便是重視這個意思。由文句的了解形成恰當的概念，由恰當的概念進到眞正的問題，是什麼問題，便要照着什麼問題來講。如果是道德的問題，便照道德問題來講；是宗教問題，便照宗教問題來講；是知識問題，便照知識問題來講，是不能亂來的，如現在的人最討厭道德，而孔孟是歷來都是講道德的。儒家由道德意識入手，這是沒有人能否認的。可是現在的人就是怕講道德，一說到道德，就好像孫悟空被唸了金箍咒似的，渾身不自在。所以現在的人都不喜歡講道德，怕了這個名詞，故要將直方大這道德的詞語，講成幾何學的概念，根本不知道直方大說的是什麼問題。又如中庸裏所說的誠，有人便以物理上所講的「能」來說。其實誠便是誠，是道德意義的概念，你不能用自然科學的物理概念來了解。物理的概念只能用來說明物理現象，怎可用來說道德的德性？以前譚嗣同便曾以物理學的以太（Ether）來說仁，譚是淸末的人，我們可以原諒他，他能爲維新運動而犧牲，亦很值得人欽佩，但他的思想並無可取。仁是道德意義的概念，怎可以用以太來說？一定要這樣說才覺新鮮，認爲這樣才可以科學化，這便完全講壞了。對於這些我們亦簡直無從批評起，亦無從說起。這只是靠人自己省察，知分寸而客氣一點，不要到處逞能。以上是隨便舉些簡單的例子來說明。

後來各期的思想，譬如到魏晉時期，你如要了解魏晉時期的思想，你便要把那時期的文獻好好了解。譬如說王弼、向秀和郭象提出迹本這個觀念來會通孔子和老子。孔老如何會通，或如何消解儒家和道家的衝突，是魏晉時期的主要問題。爲了解決這問題，他們便提出迹本這個觀念來。何謂迹本論？何以這個觀念可以會通孔老？這便要好好了解。王弼很了不起，是個眞正有思想的人，他能抓住這個時代的核心問題。他能不能眞正解決這個問題，那是另一回事。在魏晉人看起來，或許是認爲已能解答此問題。假若儒道不相衝突，便可會通，而究竟是在那個層次上可相會通？你不能籠統的說三教合一，這樣的話是沒有用的。假使二家有衝突，則是在那裏有衝突？你不能說凡是聖人說的都是好的，我們都該相信。魏晉的時候，顯出了儒道的衝突，道家的毛病都顯出來了。在戰國的時候，則二家之衝突尚未顯出來。王弼、郭象他們都能抓住這當時的時代問題，而要以迹本一觀念來會通。若要了解魏晉的思想，便要了解這問題。若要了解這問題，便一定要讀文獻。但魏晉時期的文獻，不像孔孟的文獻那樣的明白和集中，而是零零碎碎的散在注解中。卽在王弼老子注，郭象莊子注中，亦有些是在晉書和世說新語中。找起來不大容易。若資料找不出來，那你便不能讀，不能了解這時代的思想。魏晉這時代其實是一個很重要的時代。

再下面便是佛教的階段。佛教的文獻更難讀。一部大藏經那麼多，摘要而讀之，讀那些？了解佛教如何了解法？你能否了解中國吸收佛教的經過？對緣起性空，你如何了解？何以唯識宗要講阿賴耶識？何謂轉識成智？這些都要好好了解。後來發展至天台宗、華嚴宗、禪宗，一步一步的發展，是有其發展上的必然性的。以前的人能盡他們的時代的使命。天台宗、華嚴宗的大師們眞了不起，世界上沒有多少哲學家能敵得過他們。你贊成不贊成佛教是另一回事，你須先作客觀的了解。要了解天台華嚴的義理，談何容易！比之了解空宗、唯識宗難多了。到要了解禪宗，那便更爲困難。你看禪宗啓發了個什麼問題？這不是現在談禪的人所能了解的。現在談禪的人，正如紅樓夢中所說的「妄談禪」，是所謂文士禪，連野狐禪亦說不上（野狐禪的境界其實是很高的）。文士禪又懂得了什麼呢？近復有人拿維特根斯坦來與禪宗相比較。我不知道維特根斯坦和禪宗有什麼關係！如此比較，能比較出什麼來呢？這根本是既不懂禪宗，亦不懂維特根斯坦。

由上述，可知在這時代講中國學問，是很困難的，故我們現在勸大家走平實的路，這等於是歸根復命。要講中國思想，首先要把這文獻好好的了解一下。第一步是了解文句，再進一步便是個理解的問題，光訓詁是沒有用的。因爲那些文獻須要訓詁的地方並不很多。所以你說訓詁明則義理明，這話當然是有問題的。

講座介紹

牟宗三先生近照

牟宗三先生，山東棲霞人，民國前三年出生。國立北京大學哲學系畢業。歷任南京中央大學、金陵大學、臺灣師範大學、東海大學、香港大學及香港中文大學哲學教授，退休後，復任臺灣大學客座教授前後共四年，現任香港九龍新亞研究所教授。

牟先生平生惟以教書著書為事，著有「理則學」、「認識心之批判」、「歷史哲學」、「政道與治道」、「道德的理想主義」、「才性與玄理」、「心體與性體」、「佛性與般若」、「從陸象山到劉蕺山」、「名家與荀子」、「中國哲學之特質」、「中國哲學十九講」、「智的直覺與中國哲學」、「現象與物自身」、「圓善論」等書，凡此諸作唯以弘揚中國哲學為主。

所謂弘揚中國哲學實亦涵溝通中西哲學之工作，牟先生認為溝通中西哲學之最佳媒介為西方康德哲學，因此，乃將康德之純粹理性批判、實踐理性批判及道德底形上學之基本原理三書，譯成中文；此一譯事，其價值或將高於玄奘所譯「成唯識論」。近年來，牟先生經常應邀返國講學，備受知識界之推崇。

人文教育的基本觀念

羅　光

一、人文教育的意義

目前教育界爲預防偏於科技教育所能引發畸形的生活，乃提倡人文教育，以平衡科技教育的偏差。其出發點固然是對的，實行的努力也是可欽佩的；但是對人文教育的基本觀念則不完全正確。

人文教育是以人爲對象的教育，以教人好好生活爲目標的教育。人生活在一個國家內，國家舉辦教育，有滿足國家需要的目的。教人好好生活，和滿足國家的需要，兩個目的本身不相衝突，而是互相調協。國民爲好好生活，需要國家的協助；國家的需要就在於國民的福利，使國民能夠好好生活。但是在實際上這兩個教育目的，可能不互相調協，而且可能互相衝突；這就是目前所發生的現象。

這種教育目的不調協的現象所以發生的原因，在於對「人好好生活」和「國家需要」的解釋不正確。「人好好生活」包括一個人的全部生活，人是心物合一體，一個人的生活有心靈方面和身體方面的兩方面生活，而且是以心靈生活爲重的生活。「國家的需要」首先在於國家的生存，其次在於國民的福利，國家的生存靠武力以維持，國民的福利藉經濟去發展；然而兩者在最後都需要國民的道德以作基礎。缺乏國民的愛國心和爲國肯犧牲的精神，武力不可靠；缺少國民的公德心和生活倫理，經濟富庶將造成生活的不安定；有如齊景公所說：「信如君不君，臣不臣，父不父，子不子，雖有粟，吾得而食諸？」（顏淵・論語）

人的心靈生活乃是精神生活，精神生活以倫理道德爲重，智識生活和藝術生活須要融化在倫理道德生活以內，中國古人所以肯定求學在求做君子和聖人，大學便說「大學之道，在明明德」（第一章）中庸也說：「率性之爲道，修道之爲敎。」（第一章）當時的智識教育有「書數」、藝術教育有「禮樂」，身體教育有「射御」。

今天，一個人在社會裏生活，知識的條件非常重要，處處都要看文憑要看學歷，大家都想進大學，爲求公平，政府乃舉辦聯合招生考試。爲能在聯招的榜上有名，學校集中精力預備自己的畢業生，希望因著自己畢業生在聯招有優良的成績而能成爲明星學校。國中學生就爭著進入明星高中，高中入學試也舉行聯招，國中學生遂也日夜補習。因此，今天的中國教育成爲一種聯招的教育，對聯招考試的課目盡心背讀，不考的課目便予荒廢。國中和高中學生從清晨讀書到深夜，眼睛弄壞了，身體發育不均衡，生活教育沒有時間教授。到了大學，則因政府提倡科技以發展國家經濟，構成當前大專教育的趨勢；又因文科就業不易，大學生都想求得一項實際專識，以便尋找職業。大學的教育無形中成了職業教育；而且以出國就業較易較安全，大學生都謀畢業後出國。眞正的學術教育，在研究所都不容易發展，更談不上充實的倫理生活教育。

目前，我們的教育，不是人文教育。爲挽救弊端，乃提倡通識教育。然而「通識」並不代表「人文」，有了「通識」尚不能成爲一個完全的人。一個完全的人，知道發展自己的心靈和身體的生命。人文教育的意義，就在於這一點。

二、小學的人文教育

一個成全的人生，應從小時就開始。小學生的生活，生活在家庭以內。由家庭到學校，由學校回家庭。在家庭，有父母教育小孩走路、吃飯、說話。小孩大了，父母教他禮貌，說話誠實，分別是非。

小學的教育，在於擴大父母的教育。古代私塾就是一種家庭教育，當時所教的方法，也針對當時的科舉考試。民國以來，小學教育旨在幫助小學生的心身發育，後來因著升學的需要，乃偏重學科的記誦，疏忽了生活的教育。

小學生的生活在家庭內，所接觸的是父母兄弟姊妹以及其他親人。小學教育第一點就在於教育他們好好過這種家庭生活，孝愛的心情，在小學時就要養成。

第二種心情要在小孩心中培養的是誠實，小孩最易撒謊，但是誠實卻是一生爲人的重要善德。小學的生活教育是獎勵說實話。

在家庭裏小孩應該學習清潔，愛惜物件，安置東西有次序。這些好習慣應在小學裏漸漸養成。

和鄰居小孩，和學校同學，小孩相處歡樂嬉戲，也應教育養成和睦相讓的善習。

小孩知道聽話，而且喜歡照著老師的話去做。要緊的是老師知道去教，又好心去教。

在這種教育上必定要和小學生的家庭密切連繫，以免學校所教的，和在家中所見的和所聽到的，完全抵銷，或者甚至於完全相反。

爲發展小孩的身體，學校的教育該是活潑的，多有運動。避免長久坐在椅上死讀書，傷害眼睛，傷害身體。

小學的學識教育，發展小孩好奇好問的學習心理，就他們日常生活所接觸的事物，予以啓發，避免把許多生硬的知識塞進小孩的腦裏，不能懂又不能記。小學的科學教育，必須和小孩學習心理發展順序相配合，爲一種活的教育。（附帶一提，現在不要再教小學生去捉蝴蝶蜻蜓，因爲都被捉完，快絕種了）另外，還有一種思考教育，也可以說是小學哲學教育。小學生說話已經開始進入思考的邏輯，表達方面，宜加以訓練指導，對於他們將來思索、說話、求學都有很大的幫助。

三、中學的人文教育

中學的學生，雖然還在家庭以內生活，然而已經漸漸離開父母的懷抱，漸漸走入社會。國中和高中的人文教育，重點在於社會教育，教育學生將來好好在社會內生活。

中學的教材，第一該給學生講明他們所生活的社會，這個社會是學生的國家民族。

歷史和地理，就時間和空間兩方面，講述國家民族的以往和現在情況。（附帶一提，現在講本國地理，完全不提中共對大陸地理的改變，地理便成了歷史地理）但最重要的，還是在於講述中華民族的文化史和思想史，講文化史和思想史不是以考古和注釋的方法去講，要以活的哲學方法去講，使青年學生明瞭自己的民族生命。三民主義教育，在於講明目前中華民國的國民生活是以三民主義爲基礎爲原則。

再擴大社會生活的範圍，進入世界的國際社會，中學課程便有外國史和外國地理，使學生認識自己所處的世界。

再擴大社會生活的範圍，進入宇宙的自然界，中學課程乃有各種科學的課目，中學科學教育重點應在基本科學知識的教育。目前，因著大專聯招的考試，使中學的科學教育，淺的淺，深的深，不能順序而進。

但是最重要的，而又最爲目前中學教育所忽略的，是社會生活教育，也就是社會道德教育。中國歷代傳統的社會道德爲五倫：君臣，父子，兄弟，夫婦，朋友。五倫裏面的父子、兄弟、夫婦爲家庭道德，社會道德祇有君臣和朋友。然而儒家素來主張「老吾老以及人之老，幼吾幼以及人之幼」，把家庭道德推廣到社會上，成爲社會道德。現在，社會的倫理關係，較比古代複雜的多了，各種行業間的關係，織成一種羅網，把人完全罩在裏面。爲應付這些複雜的關係，不僅要有「責任感」、「正義感」、「公德心」，還要有「禮貌」。這種社會生活教育，因著聯考的補習，早已成爲口頭禪，祇說而不做，雖然有些私立的教會學校，仍在注重生活倫理，但也擺不開聯考的牽制。

四、大學人文教育

大學的教育是自立生活的教育。大學生畢業後絕大多數走入社會尋求職務，自立謀生，成家立業，大學的教育就要培養這些學生有自立的能力、自立的人格、職業的學識及學術深造的基礎。

「子路問成人。子曰：若臧仲子之知，公綽之不欲，卞莊子之勇，冉求之藝，文之以禮樂，亦可以為成人矣。」（論語・憲問）

在孔子的眼中，一個成全的人，應該有好的學識，有好的修養，有好的志氣，又要加上禮儀。這種成人的形象，在今天仍舊是適合時代，仍舊適合大家的要求。好的學識可以是專才，可以是通才，但應有一個稱爲高層社會人的普通學識，即現在所稱謂之「通識」，又要有一項學術的專識，或爲就業，或爲繼續研究學術。但目前有種趨勢，每個學系盡量增加課目，想是要使這系的學生都要學到這門學術的全部知識，這是徒增學生的苦惱，也是「揠苗助長」，研究學術宜步步前進，先使學生有研究學術的能力。因此，「哲學概論」講述研究學術方法，講述每種專門學術的原則，應該是大學設有的課程。

好的修養，在大學生生活裏，應是建立自己的人格。這方面所指的人格，乃是品格，乃是自我意識。善惡的規範，人生的目標，事物的價值觀，應由人生哲學去學。大學設人生哲學課程，乃是天經地義的事。但是人生哲學不是講哲學者的各種意見，而是講人生之道。學了人生之道，而且立卽實行，大學教師對學生的輔導，應就人生之道去協助學生，繼續古人之所謂「傳道解惑」之師道。

好的志氣，爲有志氣應有勇氣。先總統　蔣公指示「生活的意義，在增進人類全體之生活；生命的意義，在創造宇宙繼起之生命」。孔子和孟子教人「殺身成仁，捨生取義」。　蔣公又教人「置個人死生於度外，以國家興亡爲己任」，這都是大學生應該有的志向。

好的禮貌，在文明社會裏，行動有禮有儀，表現受了好的教育。年青人好動，好動則不拘守成規，大家都可以諒解。但若是行動粗暴，或者亂無分寸，別人就不會忍耐了。禮儀爲中國傳統的美德，目前則萬般禮儀都廢，形成野蠻社會。既願身列經濟開化的國家中，則也應該設法使社會成一個有禮儀的文明社會，大學的教育便要培養學生好禮的美習。

輔仁大學自始就設有人生哲學課，近年又設哲學概論課，年來常舉辦禮儀週、公德週、宴會禮和舞蹈儀式的示範，現在再設「通識」課程，目的在培養學生成爲一個自立的人。

講座介紹

羅光先生近照

羅光先生，字焯炤，湖南衡陽人，民國前一年正月一日出生。年二十，赴羅馬傳信大學研究，獲得哲學博士，又繼續研究神學，取得神學博士，後在羅馬拉德朗大學取得法學博士，執教於傳信大學。

抗戰軍興，我國與教廷通使，羅先生兼駐教廷使館教務顧問。民國五十年任臺南教區主教，當時，教宗召開天主教全球主教大公會議，會期有四年，羅先生每年出席此會議，並擔任大公會議傳教委員會副主任委員。民國五十五年，羅先生擔任臺北總主教，兼任教廷法典改編委員會工作委員、及聯絡非基督信仰委員會委員、聯絡無信仰者委員會委員，並擔任亞洲主教團協會代理秘書長及常務委員兼召集人，於民國六十三年在臺北召開亞洲主教團協會第一屆全體會議。現任中國主教團主席及私立輔仁大學校長。

羅先生喜好文學，著有陸徵祥傳，於三十年前，首開中國傳記文學之先聲，又著徐光啓傳、利瑪竇傳、基督傳、庇護十世傳、我國與教廷使節史、牧盧文集等書。

羅先生曾以義大利文為文，著有儒家思想、道教思想、中國宗教思想史三書，並精心研究哲學，當他擔任船山學會理事長、中國哲學會理事長時，即志於整理中國哲學思想，擷取中國哲學之基本觀點，並參照西洋哲學之優點，以促成中國之新哲學。其著作頗多，計有中國哲學大綱上下册、理論哲學、實踐哲學、儒家形上學、歷史哲學、中國哲學的展望、中國哲學思想史九册等書。其雖忙於管理教會行政，更潛心於學術研究，以當代著名的宗教家及學者見稱。

發展人文精神的六藝教育

蔣復璁

近來我痛感社會風氣之壞及社會秩序之亂。集團搶刼，罔顧生命。養父殺死稚子，子媳毆斃老翁，失去人性，禽獸不如。電視戲劇，滿目殭屍。送殯喪禮，當街裸舞。樂而用屍，哀而有淫。一切反常，可懼可驚。一般社會以爲是警察責任的問題，我以爲是國民教育的問題。要用教育來恢復人性，注意人的生活，革新人的精神。使人人了解人之所以爲人，如何做一個正正當當的人，首要在認識人文教育的重要性，用提倡禮樂作下手的方法。

第一件事，我建議將中小學的「公民」改爲「修身」，講明人從個人起，經家庭、社會至國家，人應負的責任及修己安人應做的事。公民可以在國父遺教及修身內講授。從小學教起是從根救起的道德教育。

第二件事，請恢復內政部的禮俗司，推行禮治及提倡禮教，先要有一個機構來督導，轉移風氣，非此不可。

第三件事，我建議將先總統　蔣公所提倡的六藝教育分別在社會裏教，如果在學校教是緩不濟急，所以改在社會裏教。這個教育是快樂的，不是小學生背很厚書包的教育，也不是青年們在聯考裏拚命的教育，更不是研究生一面要養家活口，一面研究學問的教育。這是循規蹈矩，心智和諧的教育—簡單點說，就是快樂的教育。所以先總統　蔣公說：

人生最高尚的娛樂是藝術。……古代的教育，以六藝爲本。六藝就是禮、樂、射、御、書、數。

1. **禮**　有三個意義：一、說文訓禮爲履，禮要履行的。禮是規規矩矩的態度，人要履行禮，人的行爲非規規矩矩不可。二、禮，樂記說：「禮也者，理之不可易者也。」禮要合理。禮，三年問說：「孔子曰：子生三年，然後免於父母之懷。夫三年之喪，天下之達道也」。孔子說：「孩子在三歲以後，然後免於父母的懷抱；然則，父母去世，孩子爲之服喪三年，也是普天下通行的喪禮。」說明了三年之喪的道理，雖然孩子對父母哀痛不已，但是禮有節制，並且要合理，像今天人事之繁及工作的關係也不能服三年之喪了。三、禮，坊記說：「禮者，因人之情而爲之節文，以爲民坊者也」。禮是體乎人情，爲之節文，就是制作禮節；于是婚有婚禮，喪有喪禮，合於需要，引導人情走上正軌。鄭樵有「禮以情爲本」一文，以申其說：「禮本於人情，情生而禮隨之。」禮有限度與節制，這就是秩序與紀律的基本，也就是人一切思想行爲必以義理爲歸。

在禮方面，我想有幾點改進。我們在這幾年造了很多孔廟，除了每年祭孔以外，無所用之，實在可惜。其實禮樂都從孔子出，所以一切典禮都可以在孔廟舉行，這可以提高典禮的莊嚴性，也可以使典禮與地點配合，宏其效用。例如孔廟有明倫堂，原爲講經明道之所。婚禮爲人倫之始，卽可在明倫堂舉行，各縣縣政府可在明倫堂舉行集團結婚。現在流行結婚前後至各名勝地點照相，孔廟亦爲目的地之一。婚禮可先在大成殿前行禮。昔年蔡元培先生結婚，廢除拜天地的舊習慣，改拜孔子。我們不妨仿辦，先拜孔子，等於請孔子證婚，然後至明倫堂結婚。在舊式結婚時有兩位大賓坐在兩旁觀禮。在明倫堂結婚時可請一或兩位年高德劭者爲結婚證明人，說明婚姻之意義，也合乎法律須三人以上參加，鄭重其事，然後「一與之齊，終身不改」。於交換飾物及蓋章後，向雙方父母行最敬禮，向雙方親長行禮，最後向平輩親友一鞠躬。新婦入門，叩見翁姑尊長，新郎向岳父母及岳家尊長亦不能不鄭重行禮。從前結婚對父母及親長行禮非常重視，現在結婚向雙方父母一鞠躬，向一切親友來賓一鞠躬草率了事，而證婚人，介紹人及來賓都以說笑話爲主，視同兒戲；所以今日結婚，隨即離婚，就是不莊重、不愼重有以致之。尤其要結婚回家，必要祭祖，今天不祭祖，做出多少忘本之事。在大成殿前行禮，在明倫堂舉行婚禮，集團及私人結婚皆可借用，孔廟也不致終朝關閉，且得其用。孔廟也可以收點費用，作爲維持費。這是首先可辦的。

我建議各縣市一年數次爲人民舉行冠禮，也在明倫堂舉行。凡人民年滿廿歲者，申請參加。私人及團體皆可舉行，表示成人。由行政長官、年高長者主持，說明成人的意義。日本長久以來都有成人禮的舉行，西洋在教堂舉行堅振禮，而我們這禮義之邦反缺其禮。所以我主張恢復冠禮，在入伍服役之前舉行，俾瞭解執干戈以衞社稷是成人最光榮的行爲。

禮記，冠義說：

「凡人之所以為人者，禮義也。禮義之始，在於正容體，齊顏色，順辭令。容體正，顏色齊，辭令順，而後禮儀備。以正君臣，親父子，和長幼。君臣正，父子親，長幼和，而後禮義立。故冠而後服備，服備而後容體正，顏色齊，辭令順。故曰：冠者，禮之始也。」

冠禮是成人之禮的開始，因爲人之所以爲人，全靠禮義作規範。實行禮義的基本條件，在於一舉一動，皆能循規蹈矩，態度端莊，說話恭順，然後禮義才算齊備。用這些條件使君臣各安其位，父子相親，長幼和睦。君臣各安其位，父子都能相親，長幼都能和睦，然後禮義的基礎才算建立好。所以人到二十歲，把大人的帽子戴起，然後服裝才算完備。服裝完備了，然後舉動合乎規矩，態度端莊，言語恭順。所以說：冠禮是成人之禮的開始。古今中外皆所注重。

我還建議地方官如縣、市政府，仿照古代，聘請三老，也是三賓，舉行鄉飲酒禮，促進地方政府機構與人民和諧合作。

文獻通考說：「每鄉及縣皆有三老，歲首則使人存問，賜以束帛酒肉或賜以爵，乃古人養以鄉之意，所以有鄉飲酒禮，宴請三賓，卽由縣長聘請三老，以齒德俱尊的地方公正人士任之，備顧問，俾陳利弊，也可以溝通地方感情，促進縣政的推行，裨益非淺。每年在孔廟的明倫堂舉行鄉飲酒禮以尊崇之，尊老敬賢，轉移風氣。

2.樂　今日風氣之壞，秩序之亂，實在是禮崩樂壞，戾氣致暴。我們要消除戾氣，必要提倡樂教，樂以道和，和氣致祥。一個人沒有音樂修養容易感到枯燥，流於偏激，一切反常的動作，由之而生。如果我們有音樂的陶冶，可以得到安慰，提振精神，安定靜肅。尤其重要的，音樂是羣育，無論集體的演奏或合唱，能使參加者有合作和諧的精神，也能影響聽衆的情感，達到奏者與聽衆彼此和諧的共鳴。

禮樂都是公衆道德，與人性發育有關。禮是節制情感，樂是調和情感，其作用使情感與理智和諧，這是禮樂的本義，也是政教之源。今天社會的不安，個人的失常及擾亂，甚之藉口民主，乞靈外力，喪心病狂，叛離宗國，都是禮樂不修，生活失其調節所致。所以今天要努力提倡樂教，整頓秩序，其實也非難事，因爲國家耗費鉅資，國家戲院及國家音樂廳的建設。使吾們可以享受全世界樂團及劇團的演奏與表現。各城市也都有文化中心的建設，其中都有音樂廳。我建議仿照抗戰時期各地學校及社教機構於每日早晨在空曠地方隨意集合民衆唱愛國歌曲，進而作千人合唱，萬人合唱，提振民衆精神，大有裨益。我與故音樂院院長吳伯超先生都是當年的從事者，今天我雖老了，我還可以唱，唱出我熱烈愛國的感情。希望大家都來唱，和衷共濟，愛護國家。

3. 射 射是射擊，古代是射箭，是武藝的訓練，因爲古代文武合一，文武一樣訓練，士是文士，也是武士。一面是武藝，一面是體育的運動，如射箭，射槍，還有射球。在舉行鄉飲酒禮時也舉行射儀，要進退中禮，容體端正，是娛樂，也是禮節的考核，借以觀德，外國聽音樂觀劇都要穿禮服，也是這個意思，一舉一動都要合禮，吾們今天無禮無樂，慚愧死了。

4.御　御是御馬與御車。古代車戰，駕車是要訓練的，同時爲長者服役，也是一種禮節。今天也是如此，軍事訓練要駕車，然後可以行軍打仗。辦事交通也要會開車。引伸言之，小之如辦公室內一切科技，如打字及電腦等都要會操作使用，這就是「御器」，否則無法進辦公室，找工作。大之如電氣的修理、機械的操作，現代人都要有工藝的智識，御器也在六藝之列，卽是用手操作的藝術。

5.書　書有兩義：⑴是文字，這是人文方面最重要的科目，所有文字，包括古代文字及現代各種文字，認識愈多愈好，可以瞭解智識，促進世界和平合作。⑵圖書是人類智識最重要的工具，要做人非要讀書不可，讀的書愈多愈好。這是智識的傳授。

6.數　數學是一切科學的基礎，也是個人生活不可或缺的技術。計度與統計都非數學不可。

禮、樂、書都是人文科目，射、御、數都是人的發明、人造手動的藝術。尤其數學與哲學有關，因此都可以算是人文科目，所以六藝教育中有人文精神。我覺得今天需要發展人文精神的六藝教育，這也是今日的救時教育，也可以說是從傳統中創新的方法。

申論之，藝有兩義：一見周禮，天官冢宰宮正：「會其什伍，而教之道藝」。言合宮中宿衞士庶子及虎士等，教以道藝。道者，術也；教以術藝，即指禮、樂、射、御、書、數六藝。更見地官保氏：「養國子以道，乃教之六藝：一曰五禮，二曰六樂，三曰五射，四曰五馭，五曰六書，六曰九數」。是故禮、樂、射、御、書、數六藝為古代教育之科目。先總統 蔣公稱為「六藝教育」。一見史記孔子世家：「自天子王侯，中國言六藝者，折中於夫子，可謂至聖矣。」賈誼曰：「詩、書、易、春秋、禮、樂六者之術，謂之六藝。」新書有六術篇，漢書藝文志有六藝略，史記伯夷列傳：「學者載籍極博，猶考信於六藝。」漢董仲舒賢良對策「……不在六藝之科、孔子之術者，皆絕其道，勿使並進」。此六藝卽詩、書、易、春秋、禮、樂六經。因樂經遭秦火亡佚，現存五經，禮記中有樂記篇，此乃孔子之學術、著述之源。先總統蔣公於民生主義育樂兩篇補述及救國必須實施文武合一術德兼修之教育中，詳述六藝教育可以取閱，余所說明亦未敢逾 蔣公之範圍也。此六藝乃周禮所言之六藝、六種藝術之謂也。兩種六藝相較，則禮固自相同，樂、射均見於禮，書卽傳習書法、審識文字與籀繹圖書，蓋皆古代之用以教育者也。總之，周禮之六藝，乃古代教育國民之科目，史記之六藝，則爲孔門相傳之教學科目也。予勉爲說明而已。

講座介紹

蔣復璁先生近照

蔣復璁先生，字慰堂，浙江省海寧縣人，民國前十四年出生。國立北京大學及德國柏林大學畢業，韓國成均館大學榮譽文學博士及美國聖若望大學榮譽人文學博士。

蔣先生曾任清華學校教員、國立北平圖書館編纂、國立北京大學講師、德國普魯士邦立圖書館客座館員、國立編譯館專任編審、國立中央圖書館館長；並擔任臺大教授，政大、師大、輔大、文大兼任教授及行政院顧問與國立故宮博物院院長。現任中華文化復興運動推行委員會常務委員、中國國民黨中央評議委員、中央研究院院士兼評議員、國立故宮博物院管理委員會常務委員及總統府國策顧問。著有「珍帚齋文集」，為集合目錄學、圖書館學、宋史之偉大著作。

蔣先生與國立中央圖書館及國立故宮博物院有非常密切之關係。民國二十二年，教育部發表蔣先生為國立中央圖書館籌備處主任；民國二十六年，籌備工作正當就緒，抗戰軍興，乃先設立中央圖書館白沙民衆閱覽室，並將籌備處由南京遷往重慶。民國二十九年，國立中央圖書館正式成立於重慶，蔣先生奉命為首任館長，之後，曾潛入上海搜購古書及善本圖書十二萬餘册，抗戰期間，文化活動，都在中央圖書館舉行，故享有「文化之宮」之譽。抗戰勝利，國立中央圖書館由重慶遷回南京；後來共黨叛亂，乃奉命與國立北平故宮博物院、中央研究院歷史語言研究所、國立中央博物院籌備處三個機構遷臺，於臺中霧峯成立國立中央院館聯合辦事處。民國四十三年，中央圖書館奉命復館，蔣先生復任館長，積極展開復館工作，期間，除取回存放於美國國會圖書館之西北科學考察團的漢簡一萬片及北平圖書館善本圖書一百餘箱，並充實各項設備，建立巍然矗立於南海學園之館舍，觀乎舊館，多少血汗與心力凝聚而成，當年創業維艱，尤發人深思。民國五十四年，蔣先生出任首任國立故宮博物院院長，故宮之國寶，在其領導之下，得以重新整理，增加許多文物加以珍藏，並以新技術，開放供國內外欣賞。

蔣先生服務國立中央圖書館三十年，服務國立故宮博物院達十八年之久，致力於我國文物之維護與宣揚。民國三十五年，蔣先生蒙先總統　蔣公頒發勝利勛章。民國五十二年四月，其服務中央圖書館三十年，教育部特頒發金質文化獎章及獎辭；又羅馬教廷策封其為聖額我略爵士並頒發勛章。民國七十二年，總統頒發二等景星勛章，七十四年，行政院再頒文化獎，其對我國文化之發揚，貢獻殊多。

中小學如何有效實施人文學科教育

朱滙森

今天，我應教育部人文及社會學科教育指導委員會之邀，談談「中小學如何有效實施人文學科教育」問題。講題內容不談高深的理論，不敢說是專題講座；只是說出我多年來對人文學科教育的感想，屬於引言性質，作諸位教育同仁進一步研討的參考。

上年，教育部邀請多位知名的學者專家，在自然學科教育指導委員會之外，組成人文及社會學科教育指導委員會。一方面從教育政策上，宣示教育部對學校所設各科的價值地位，實予同等的肯定與注重，以實施五育均衡發展的健全教育，藉此糾正一般人對某些學科有畸重畸輕的觀念；一方面從實際需要來說，部分學校對人文和社會學科的教學，確未能遵照課程標準的規定，切實執行，達到預定的教育目標，必須再從課程教材、師資、教法等方面，加以檢討改進。關於各級學校人文和社會學科教育整體研究改進計劃，正由指導委員會積極策劃推動之中。今天我僅就中小學人文學科教育的功能、課程教材、師資、教學方法四方面，加以簡要的說明。

1.人文學科的功能　人文學科包括哲學、語文、歷史、地理等科。從我國教育宗旨、政策、學制及各項措施來看，我們向來沒有表明對人文學科的輕視。譬如說：國小、國中、高中課程標準中，語文、社會或語文、史、地等科的教學時間，即多於數學、自然或數學、生物、理、化等科的時間。在中學或大專學校的入學考試，也規定必須考試國文、歷史、地理等科，計分比率並不比數理學科爲低。可是，實際情形，許多學校視英數理爲主要學科，國文史地只是次等學科。在學生心目中，英數理等科的教師才是第一等教師，國文史地等科教師不過是第二等教師。這種情形，實由於部份學校教師、家長和學生的觀念有了偏差，以致形成不良的風氣，實令人十分憂慮！先總統　蔣公曾訓示：「三民主義思想教育的基本方針，第一就是要恢復我們固有民族精神；第二是要發揚人類固有的德性；第三是要尊重個人人格的尊嚴。」又有一位外國學者詹姆斯說：「教育是一個過程，而不是包裝。教育的目的，不在獲致某一套技巧，或者某一種知識，而是感情與心智的成熟，使一個人除開能做一個好工程師、律師或科學家以外，還能做一個更好的人。」所以正確的教育目的，首先要培養愛國的人、更好的人，然後也是有用的人，這自是人文學科教育的功能。目前要務，如何使學校和教師有正確的教育目的，重視人文學科教育的功能，以此爲他們的工作信條，甚至成爲他們人生觀中最高的價值，學生家長也應以此爲對其子女的最高期望。同時，政府對於人文與社會學科成績優異的學生，也像自然學科一樣給予深造機會，各方面影響所及，學生也都以「成爲更好的人」自我期許，較前注重人文和社會學科。能如此，政府的希望不會落空，指導委員會的興革計畫和辦法也不致打了折扣。

2.**課程教材的改革**　課程教材是學生學習的橋梁、教師教授的憑藉，所以和教學成效有密切的關係。關於課程教材的理論，許多書刊都有詳細敘述，毋庸再加引申，下面只提出幾點具體的意見：

(1)向來對中小學史地科教材的批評，大多認爲各級學校間的重複部分太多，使學生感到枯燥無味，而且浪費時間。但歷次修訂課程標準，卻仍保留了圓周式，主要原因在配合我國的學制。每一級學校各有其教育目標及特殊功能，所以才有分級設校及發展的必要；但各校也爲上級學校或上階段教育的準備，所以各級各類學校教育才有銜接及統整的可能。因此中小學史地學科課程編製及教材組織採圓周式，而非直線式，似亦未可厚非。而且，課程教材的內容及進程，須配合學生身心及經驗的發展，逐漸擴大其範圍，加深其程度，保留適當的重複，使新經驗以舊經驗爲基礎，實可提高學習效果。不過爲免教學上的浪費，也應減少若干不必要的和過多的重複，最好各級學校課程分別規定教學重點。如以歷史爲例：國民小學應注重生活教育，社會科歷史部份的課程教材，似可規定以「明瞭偉大聖哲的言行，民族英雄的事蹟，學習做家庭中的好子女、團體中的好份子、國家的好國民」爲重點。國民中學爲每一個國民必須接受的教育，歷史課程教材似可以「明瞭中華民族演進及我國歷史發展的重要史實，以加強學生愛國家、愛民族的情操及團結、合作、進取、創造的精神」爲重點。高級中學是人才教育的準備階段，歷史課程教材似可以「明瞭我國歷代政治、經濟、社會、文化的變遷進步，及與世界主要國家的關係，以啓示學生復興國家民族，維持世界和平的志向與努力」爲重點。各科課程教材既有重點，自可減少部份教材的重複。

(2)我國中小學學生的課業負擔太重，身心受到很大的戕害，實爲民族健康莫大的隱憂。許多教育家析論學生課業繁重的原因，首應歸咎於各科課程教材的不當，如學科科目太繁，各科時數太多，教材份量太重。又因升學競爭的關係，規定一種教科書之外，還有幾種副課本及補習教材；規定的上課時間之外，還增加晚間和星期假日的升學輔導，壓得學生抬不起頭，喘不過氣，令人十分心痛；減輕學生課業負擔可行的辦法很多，但從課程教材方面着手，比較直接而有效。我們把握各級學校的教育目標，決定眞正必須學習的學科；現行課程中有那些學科可以減免，或有那數科可以採合科課程併爲一科；再根據上述的各科重點，決定某科應包括多少必需學習的教材，至少需要若干教學時數，最好每天留兩小時讓學生自由學習。我們選定學科和教材的標準，不是根據某些學科或教材的本身有無價值，他們的學術價值應受重視；但應根據某些學科和教材的教育價值，卽學生學習這些學科或教材之後，有無實際獲益。舉例說：中學歷史教學常要學生記着五胡十六國的名稱，記着蒙古三次西征的經過和許多人名地名。這些史實對專門研究歷史的學者都很重要，但對中學生而言，死背熟記的知識，考試過後還能記得多久？又有什麼其他用途和價值？

(3)我國目前最缺少各科的學科教育專家。舉例說，某篇文章有時選爲高中國文教材，又有時選爲國中國文教材，不免令人發生疑問：這篇文章的立意和內容，究竟適於十二、三歲少年，還是十七、八歲青年的經驗和理解力？又在字彙和修辭方面，究竟適於國中還是高中學生的程度？雖然國文教科書編輯小組聘有國學高深的大學教授，也有教學優良的中學教師，但缺少國文學科教育專家提供這一方面的眞知灼見，也沒有國文教材專題研究可作參考。大家往往憑着主觀認知和經驗判斷，實難得到以堅實學理和科學實驗作基礎的結論。

3. **師資素質的提高** 大家都同意：教師是教學成敗的關鍵。一般人以爲文史教師最容易擔任，只要有相當的舊學基礎，上堂講課卽無問題，事實上各校國文史地教師的資歷也較浮濫。又有人以爲文史學科最不容易教好，教材十分繁難，學生上課提不起精神，教師怎能如生公說法，教頑石點頭？師資問題既然重要，我們要有效實施人文學科教育，便應特別重視國文史地教師的培養與在職進修。下面是關於優良的文史教師的幾點意見：

(1)各科教學成績的評量，通常以學生考試分數爲準，實則應以各科教學目標爲依據，文史學科更應如此。熟背課文，考試滿分，並不是文史教學的目標；正確的目標在培養學生文雅的氣質、曠達的胸襟、善羣的態度、縝密的思考、適應社會變遷的能力，成爲愛民族、愛國家的好國民。我們要求中小學文史教師本身的性行，卽能合於上述目標，作爲學生的楷模。無論上課時教學，或課餘指導活動，隨時隨地利用機會，導引學生的觀念和行爲，達到本科教學目標，也是學校的教育目標。

(2)對於文史學科不容易教好，學生不感興趣的說法，我有不同的意見。有人說：

只有枯燥無味的教師，才使所教學科變得枯燥無味。所以文史教師首先使自己對擔任學科感到濃厚的興趣，上課時才能使學生興致盎然，而且只有學生感到有樂趣，才能提高學習效果。我認識幾位優秀的文史教師，他們一進教室，學生馬上肅靜下來。教師講解時，運用圖表、錄音、影片等視聽教具，穿插故事、笑話、巧對、謎語，學生專心聽講，熱烈發問，只覺上課時間過得太快；下課了，大家還圍着教師談個不休。如此的好教師，學生怎會對文史學科不感興趣而不專心學習？

(3)優良的文史教師，在學養方面能由博返約，對學生能循循善誘。他對每一課教材都作充分準備，廣蒐與本課有關的資料，以備學生詢問；但上課時自己不會滔滔不絕，把學生當作錄音機。他能把握要點，提出問題，要學生來思考討論；同時省察學生可能遭遇學習上的困難，必要時提示一兩句，導引學生思路，啓發進一步的領悟和理解。最後，他歸納講述和討論的結果，把本課最重要而須記着的幾點，再加簡要說明。學生學得認眞，自然懂得透澈，記得持久。

4. **教學方法的改進**　文化主義教育學者將教育過程分爲「知識獲得」、「感情鼓舞」、「行動參與」三個階段，我也把人文學科教學的改進，分以上三方面來說明：

(1)知識獲得方面　教育功能之一在傳遞人類文化，則各類知識的傳授和學習活動，當然非常重要。文史學科的教學方法除採行講述要點、問題討論、演習作業等活動外，我認爲培養學生的學習興趣、指導獲取知識的途徑和方法、辨別資料的正誤和效用等教法，更爲重要。尤應注重時事教育，指導學生每日閱讀報紙，提出心得報告；報紙取材的範圍很廣泛，文字淺近通暢，內容切合日常生活，而且按日出版，直接送到閱者手中，這是很好的社會教育的教科書。許多未能接受正規教育的人，每天閱讀報紙雜誌，繼續不斷地自我進修，多年後識見通達，常識豐富，事業也有異常的成就。

(2)感情鼓舞方面　在指導學生獲得知識之後，進一步要培養他們的信仰和理想，這是屬於感情上「好」與「惡」的問題。事實的認知，有了價值的判斷，產生好或惡的感情，才能發生行動的意志。舉例來說：歷史教科書某課講到某偉人的言行，這只是書本上的知識，經過教師口頭上或補充讀物中生動有趣的描繪，使學生如見其形，如聞其聲，全部心情爲偉人的人格所吸引、感化，產生「高山仰止」、「心嚮往之」的願望，於是學生的觀念、言語、行動，都受到偉人故事的潛移默化而有所改善。就像造酒一樣，米麥如不經過發酵作用，便不能釀製成醇美的酒來。感情鼓舞好比個人人格形成過程中的發酵作用，值得教師特別加以重視。

(3)行動參與方面　這裏所說行動，包括體外和內心，指學生行爲的改變和精神的表現而言。教育過程必須到了行動參與，才是一種完整的學習。在這一階段，學生一方面從實際生活中，印證已獲得的知識，並學習更多有用的經驗；一方面從團體活動中，由於同伴的反應，社會的鼓勵，信仰更加堅定，理想更覺實在，自我期許也更提高。也許可以說，這是實施人文學科教育的預期效果。

講座介紹

朱滙森先生近照

朱滙森先生，字仲蔚，江蘇省南通縣人，生於民國前一年，通州師範學校及國立中央大學師範學院教育系畢業，曾在美國密西根州立西部大學研究所研究，著有「教育社會學」、「教育行政新論」等書。

朱滙森先生在大陸時曾任小學教師、校長多年，來臺後擔任臺灣省教育廳科長、專門委員、主任秘書，臺灣省立臺南師範學校、臺灣省立臺中師範專科學校校長等職；後又擔任教育部社會教育司司長、主任秘書、常務次長、政務次長。民國六十七年行政院改組，以績優而擢升為行政院政務委員、教育部長，任職六年；七十三年六月轉任國史館館長迄今。

朱先生平易近人，自幼刻苦自勵，努力向上，求學做事都秉持著認真負責的態度。從任職臺灣省教育廳、接長臺南師範學校，到出國深造、著手改制師範學校為師範專科學校，都有卓越的貢獻。

朱先生升任教育部長後，制定「資賦優異學生輔導升學辦法」；開放專科畢業生以同等學力報考研究所；研討大學入學考試，實施先考後填志願的聯招新制；延長以職業教育為主的國民教育，以作為延長義務教育至十二年的準備；籌劃空中大學制度，提供社會人士進修機會；輔導私立學校健全發展，將私校職員納入公保；除新設國立中山大學及藝術學院外，並改公私立六所學院為大學，又將九所省市立專科學校改為國立，以提高專科教育水準，由此，都可以看出其穩健踏實的作風及過人的才華，也為我國教育史上寫下嶄新的一頁。他曾謙虛的說：「也許我的運氣比人家好些，很多機會都遇到綠燈」，回顧其在教育工作崗位上的貢獻，誰說駕駛者沒有精湛的技術和嚴謹的態度，而能光靠綠燈而一路順風呢？

朱先生常引用教育名言鼓勵教師們：「在我們有生之日應努力不懈，使得傳給我們的種子，能在下一代開花；我們接到的花朵，能在下一代結果，這就是進步。」由於他對教育的熱愛和負責，因此，無論扮演何種角色，都能圓滿的達成應有任務。他在交卸教育部長職務時說：「最好的戲也有落幕的時候，我一生受國家栽培，讀書全靠公費，能夠由一個平凡的小學教師一步步地升任教育部長，全是長官的厚愛與朋友、同事的支持」，從其言談之間，自然流露出他那淡泊名利、虛懷若谷的胸懷，以及平凡中不平凡之處。

中華文化在世界文化中的地位

陳奇祿

談到中華文化和世界文化，首先應對「文化」一詞下一定義。「文化」（英文叫做Culture）有通義和學義的不同。我們日常所謂「文化人」，指那些受高等教育，舉止文雅，且有修養，尤其對文藝有修養的人，這是通常的定義；但是在社會科學，尤其在人類學上，「文化」一詞雖有多種不同的解釋，但大體都同意英國人類學家泰勒氏的說法，以「文化是人類由生活經驗所獲得的智慧，使他們和其他動物有分別。」一個族羣、民族或國家，只要有一套不是與生俱來的固定特有的生活方式，便是有文化。所謂不是與生俱來，就是要經過學習的意思；所謂固定特有，就是族羣的絕大部份成員的生活方式是一樣的，一代傳一代，其生活方式也大體是一樣的。

泰勒氏說文化使人異於動物，就是說只有人類纔有文化。人類和動物最易見的分別是人類會說話，人類有語言。語言不是與生俱來而是要經學習的，而且每個族羣有其固定特有的語言。中國人絕大部分都說中國話，一代傳一代也都說中國話。但是一個中國人如果從小就生活在英語的環境中，他便學習英語而不說中國話。有了語言，上一代的人能將他們所獲得的經驗告訴下一代，一代又一代的經驗積聚，便形成了這個族羣的固定特有的生活方式，卽所謂文化。所以我們可以說，語言是最重要的一項文化，也是傳遞文化的最重要媒介。

文化除了語言外，人類每個羣體都有一套應付自然環境的固定方式。爲了避風遮雨，有居處；爲了禦寒卻熱，有被服；爲了延續生命，有食物。由此衍生，各族羣都有其獨特的器用、技藝、舟車、……等等，這些大部分都是有形的，人類學家把這些有形的文化叫做物質文化。這方面表現的極致，是科學。

但是人類既不能離羣索居，人與人間必得有接觸，進而結成羣體。最基本的人與人間的關係是男女關係，有男女的結合，人類乃能繁衍。每個人類羣體都有其男女相處的法則，卽所謂婚姻制度。由婚姻而有家族的形成，而有人倫關係，再展延而爲其他社會組織。每個族羣都有其特有的社會結構和倫理關係。

人類所接觸的，除了自然環境和社會環境外，還有未知的世界，卽一般所謂超自然。自然和超自然的分界，因時間和族羣而看法不同。科學的進步，使很多原來被視爲超自然的變爲自然的。例如原來相信月球中居住有嫦娥，而現在則知道月球中只有寧靜海。也許人類永遠無法完全了解他們周遭的一切，有一些將永遠是不可知的。什麼是生死？什麼是靈魂？什麼是命運？什麼是善惡？……每個族羣對這些問題，都有其特有的解釋，也卽所謂宗教信仰和道德觀念。

前面我們說文化是人類爲應付自然、羣居、和未知的環境所生的一套生活方式，世界各地區各族羣因其環境不同，故其文化也就相異。但是環境不是一成不變的，例如：人口增多，影響到食物的分配和土地的利用；工業和都市的發展，導致家族組織形態的改變；科學發達促使宗教觀念的式微等等。文化形成後，如果過分剛性，失卻了適應於改變環境的能力，便會衰微，而爲外來的或新起的文化所替代。亙古以來，世界上不知有多少文化形成發展，也不知已有多少文化衰微消失，但是我中華文化卻獨能歷久彌新，緜延長久，乃在於其適應力的堅強。以發展的先後而論，埃及、巴比倫、和印度均前於我中華，但這幾個大文化都先後揉雜了過多的外來成分而失卻其固有精神而萎靡不振。我中華文化獨能宏振博大，主要在於其發展均衡，卽對前述語言智識、物質文明、社會倫常、宗教信仰諸文化方面均予兼顧並重，給予同樣的關心。

談到中華文化，尤其在與西方文化相提並論的時候，一般人常會說中華文化偏重於精神文化（指倫常和宗教），而西方文化則偏重於物質文化（指科學和技術）。從歷史的觀點看，這類說法顯然是錯誤且毫無根據的。我想我們應該再予指出，中華文化是一個發展均衡的文化，對世界文化的貢獻，在物質文明方面，尤爲重要，因其已爲西方文化所接受，成爲西方物質文明的一源泉，故一般均未予察及。

關於中華文化對人類物質文明的貢獻，在這裡只擬舉出幾項犖犖大端而爲西方學者所承認的來說說：

1. **蠶絲**：衣服爲最重要的文化項目之一。人類的衣料，一直到晚近合成纖維普通被應用以前，以動植物的纖維爲其主要材料；植物以棉、蔴，動物以絲、毛爲最重要。絲爲中華文化，無人置疑。西陰村考古遺址有蠶繭的出土，可知我國在史前的遠古年代，便已用絲。中國的蠶絲，在西方早已著名，於是常稱中國爲絲國，中國人爲絲人（Sericum）。古希臘羅馬織絲，也均傳自中國。希臘史學家對此事有明確記載（Lucan, 39-65 A. D. The Itinerary of Greece of pausanias, ca, 174）西方人士對於絲絹的喜好，開啓了中西貿易，所謂絲路爲中西文化接觸孔道。在古代西亞國際局勢，每因蠶絲通商一問題而緊張，西突厥、波斯、和東羅馬三國的外交政策，且不止一次以此問題之順逆而轉移，猶今日之求石油資源的控制。今日雖因人造纖維——尼龍和螺縈……等的出現，絲業慘遭打擊，但絲絹仍爲最上乘的衣料，則未改變。蠶絲是中華文化對人類生活的一重要貢獻。

2. **瓷器**：遠古時代，很多民族製作陶器。陶器的製作，把人類的生活帶進了新紀元。最重要的生活改變是有了陶器以後，烹飪術有了革命性的進步。熟食可不必僅將食物直接放置火上燒烤。陶器是人類最重要的工藝發明，但史前時期的製陶術，以中國爲最進步，彩陶和黑陶製作精良，在當時可謂舉世無匹。到了商代，陶人已知利用高級白土，燒製硬度很高的帶釉陶器。戰國時代，帶釉硬陶的製作技術更見進步，可稱爲最早的瓷器。降至南北朝，已有眞正瓷器。宋元時代，青瓷和白瓷的發達到了登峯造極的階段，出品銷售海外，亞洲各地和非洲東部都有此類遺物的出土。明清兩代，作品越加細緻優美，歐洲人士，視爲珍寶，宮殿巨室，競相收藏。歐洲陶匠也在此時自中國輸入技術，加緊研究製作。瓷器爲人類最重要的器皿，最出色的工藝，爲我中華文化對人類生活的另一重要貢獻。

3. **造紙**：紙雖然相傳是東漢年間（西元一〇五年）蔡倫所發明，但學者多以西漢時代，中國便已有紙的製作，且有出土遺物予以佐證。漢代以後，造紙技術日有改進，製作種類也日趨繁多，但直到八世紀，造紙技術仍爲中國所特有。唐天寶九年（西元七五一年）安西節度使高仙芝與大食國（阿拉伯）打仗，敗北，兵士多人被俘，其中有造紙技工，這些技工教大食人以造紙之術，由是傳播於回教諸國。再後約在十世紀初，造紙之術再西傳至敍利亞和埃及，十二世紀又播傳至西班牙，之後及於法、義、德、英諸國，遍及整個歐洲。

4.**印刷術**：在前面我們談到文化是一個族羣一代傳一代的固定生活方式，它的傳遞靠語言。如果這個族羣有文字，無疑的其傳遞將更有效確實而且快捷。印刷術的發明，使文字的功能增強百倍、千倍，乃至於萬倍，對文化的傳播而言，自是另一次革命性的進展。造紙和印刷術均發明於我國，我中華文化的貢獻可謂巨大矣。

印刷術發明於何時，至難稽考，但我國自遠古有銅鑄圖章，可視爲濫觴；又古代的墨搨技術，也可視爲先導。墨搨初用以搨印刻石碑文。石碑笨重，刻字也不方便，因此有彫刻木板之發明。如果雕板之文字改用反文，蘸墨直接印在紙上，便成印刷。反之雕板始於何時，雖不可考，但隋代則確已有之。最早用以印製佛像。到了北宋末年，畢昇發明將字個別造成字釘，案書排列，然後蘸墨印於紙上，是爲活字印刷。

歐洲中世紀以前，書籍均以謄寫爲之。歐洲木刻印刷創於何時，無法考悉，但受中國影響而來，則似不必懷疑。十三世紀，由於蒙古西征的結果，中國木刻印刷術，也就遍傳於歐洲。一四二三年荷蘭赫亞廉（Haarlem）城的哥斯塔（Laurens Janszoon Coster）用雕板和活字印刷書籍。

5. **指南針**：提到指南針，往往會聯想到傳說中黃帝戰蚩尤於涿鹿時所發明的指南車，又據記載後漢張衡和三國馬鈞都實際上製作了指南車，不過這種指南車是一種利用機械原理的裝置。指南針則利用磁學的原理來製作。中國人知道磁石，早在紀元前三世紀（據呂氏春秋），後漢王充「論衡」記載「司南」之杓，以磁石磨成杓形，杓柄總是指着南方，所以叫做司南，也就是指南的意思。到了六朝，有磁針的出現，這種磁針在古代爲方家法器，但到十二世紀初年，則爲航海家所採用。宋代出洋的中國海船，幾都裝有指南針，因此海外貿易大盛。當時許多波斯和阿拉伯人來中國通商，他們也學用「指南針」，到了十三世紀初年，指南針傳入歐洲。

6. **火藥**：一般相信火藥是中國道教方士首先製造出來的。後漢道家勃起，許多方士爲尋求長生藥物，提倡直接試驗製造，卽所謂煉丹術或爐火術。自然界中舉凡可以應用的材料，都予試驗。中國道家方士因煉丹術增加了很多化學的知識。硫黃和硝石是方士們所珍視的藥物。硝石和芒硝易於混淆，但中國的藥物學者陶弘景在五世紀末便能分辨此兩種化學原料，比歐洲人要早達七、八個世紀之久。七世紀末另一藥物學者孫思邈著「丹經」，已提到硝石和硫黃混合會起燃燒，如果掉入炭火，便會爆炸。唐宋的記載，更進一步說，如果再加入砒霜，則爆炸更加猛烈。可見火藥的發明是煉丹術的副產品。

火藥應用到戰爭是北宋初年的事。曾公亮的「武經總要」已提到三種火藥，並且把各種火器所需要的原料，開列得很清楚。蒙古人西征，把火器帶入歐洲。歐洲最早提到火藥是一二八五年。

中華文化對人類物質文明的貢獻可以舉述的很多，前面只舉述其重要而周知的六項，其他諸如：蔬菜和水果的栽培和食用、鑄鐵術、鑿井術、地動儀、計時器、記程車（記里鼓車）、馬具、船舵、風車、拱橋、漆藝、織錦、茶葉……等等，實在不勝枚舉。人類的物質文明是整個的。人類學家鮑亞士（Franz Boas）指出，人類種族和文化沒有必然的關係。現存世界各民族在智能上沒有分別，我們不能說那一種族必能產生文化，那一種族必不能產生文化，文化的發生在於適當的培育環境和長期的經驗積聚。我國歷史源遠流長，早在春秋戰國時代，在文化的領域裡，便已綻開花蕾，到了唐宋時代，益見燦爛。從人類的物質文明的演進而言，早期科學技術的發明，中心實在中國，這是無可否認的事實。

在這時期，中華文化不但東被三韓日本，南澤交趾，北屆朔方，西及西域，形成一偉大的文化圈，同時還沿着「舊絲商路」源源傳入歐洲。在物質文明方面，對歐洲的影響尤爲巨大，是無可置疑的事實。現在歐洲文明的復興，端賴三種由中國輸入的新發明，就是上述六項中之三項——印刷術、火藥和指南針。英國大文豪兼思想家培根（Francis Bacon）著「新論理學」Novum Organism 就說這三種發明對人類的影響是無可限量的。印刷術使學術普及，火藥使戰器精銳，指南針使航海發達。培根所謂「人類」當然是指歐洲民族而言。歐洲的文藝復興、工業革命，以及海外發展都是接受中國物質文明的結果。

沒有中國文化的東傳，今日的日本如何呢？

沒有中國文化的西傳，今日的歐洲如何呢？

講座介紹

陳奇祿先生近照

陳奇祿先生，臺南人，民國十二年生。上海聖約翰大學文學士，美國新墨西哥州立大學人類學研究所及英國倫敦大學東方非洲學院研究，日本東京大學社會學博士。曾任國立臺灣大學人類學系主任、文學院院長，中央研究院美國文化研究所所長，美國密西根大學教授，行政院政務委員。現為中央研究院院士與評議員，國立臺灣大學人類學系教授，行政院文化建設委員會主任委員，中華文化復興運動推行委員會祕書長。著有「臺灣排灣群諸族木彫標本圖錄」，「Material Culture of the Formosan Aborigines」，「民族與文化」等專書及論文一百七十餘種。

論「人文學」與「人文教育」

高明

周易賁卦（䷕）彖傳說：「柔來而文剛，天文也；文明以止，人文也。觀乎天文，以察時變；觀乎人文，以化成天下。」王弼注：「剛柔交錯，而成文焉，天之文也。止物不以威武，而以文明，人之文也。」「人文」這一名詞，見於中國典籍的，以此爲始。從賁卦的彖傳來看，我們人類住在地上，看到天上陳列有日、月、星辰，從那些日、月、星辰的位置和變化，可以看出剛柔交錯的天文現象，因而察覺到那些天文現象，與地上人類相應的變化。由於日、月、星辰之間，是有磁場引力的感應的，他們的位置與變化，必然影響及於地球，直接的影響於地球自然生態的變化，間接的影響於地球上人類生理與心理的變化，所以說「觀乎天文」，可「以察時變」。至於「人文」，自是人類爲著生存與生活，而創造出來的文化；人類創出文化，最明顯的就是要使人類和萬物都能過著和平安樂的日子；我們中華民族的老祖宗認爲我們棲止於和平安樂的日子裏是最幸福的，就努力於促使文化的昌明，以美化這個世界，所以說「觀乎人文，以化成天下」。

在西方世界的歷史上，有所謂中古時期的黑暗時代，那是神權至上，以神的文化控制一切的時代，爲神的信仰不同而戰爭連年，人民生活困苦達於極點，因而激發了「文藝復興」(Renaissance)運動，而產生了「人文主義」(Humanism)，希望從研究拉丁與希臘的古典文獻中，擺脫神的文化控制，而回歸到人類自身問題的探討，提倡理性與自由思想的健全發展，這纔萌發了近代的哲學與科學，於是研究這種新文化的人被稱爲「人文學者」(Humanists)，而他們所研究的學科就被稱爲「人文學」(Humanites)。

由近代進入現代，由於科技的飛躍發展，唯物思想大爲流行。有些國家利用科技的優勢，從事物資的生產，造成了許多發大財的資本家，也造成了許多勞苦的勞動者，在國內社會上形成了階級的對立，製造出許多糾紛、鬥爭與仇恨；另一方面，經濟的先進國家向落後國家購買原料、銷售產品，致使富國日益富強，而貧國則日益貧弱，在國際社會上又形成了集團的對立，製造出許多糾紛、戰爭與仇恨；而同爲富強國家，又爲爭取原料供應地與產品銷售場，彼此鉤心鬥角，最後又常訴諸戰爭，第一次世界大戰與第二次世界大戰就是這樣起來的。第二次大戰結束以後，共產主義者以追求物資分配的平均爲號召，利用世界上貧富不均的現象，在各國內部挑動起階級鬥爭，貧弱國家擋不住這浪潮，就常爲共產黨徒所奪取，而擴大了共產主義集團的聲勢；富強國家看到形勢不妙，就趕緊實施社會福利政策，來緩和國內的階級鬥爭、但是資本主義的本質不變，人人都祇知道拼命的賺錢，拼命的發展科技，無限制的生產，以求物質生活的改進，結果弄得遍地汚染，自然生態遭受匱乏的威脅，給人類帶來了莫大的災害！同時在唯物思想的陶鑄下，拼命的發展物類的本能，拼命的放縱性慾，祇求物性的滿足，男女濫交，家庭不穩定，子女在缺乏親情下長大，結果弄得個性乖張，人情淡薄，嬉痞流氓，到處皆是，殺人搶劫，時有所聞，社會的病態叢生，色情的風氣氾濫，儼然是一個禽獸的世界！至於共產主義國家呢？控制在一些唯物思想的野心家手裏，把人看作物，以控制物類的方法來控制人，人在其控制之中，沒有絲毫的自由，常有饑餓的威脅，人已失去人生的意味，祇是苟延殘喘而已；在那種環境中，人也祇好自視爲物，甘作禽獸，沒有一點自尊心，沒有一點榮譽感，完全變成一批無禮、無義、無廉、無恥的動物！再加上資本主義國家與共產主義國家爭霸，彼此喧囂辱罵，挑撥離間，劫奪打殺，無所不用其極；而那些殘餘的神權國家的統治者，又在其中興風作浪，渾水摸魚，唯恐天下不亂，組織恐怖的團體，到處殺戮無辜，使得人心惶惶；於是核子戰爭、化學戰爭、雷射戰爭、星際戰爭，隨時都有爆發的可能，世界末日卽將來臨的恐懼，早已不脛而走。我們人類現在正生活於一個新的黑暗時代裏，那就是物的文化控制一切的黑暗時代！我們當前最迫切需要的，就是如何把我們人類（包括我們自己在內）從物的文化控制一切的黑暗深淵裏拯救出來。我們多方的思考，恐怕祇有發動一次大規模的新的「文藝復興」運動（不是從拉丁、希臘的古典文獻中，而是從中國傳統的古典文獻中，重新體認「人文」的價值），建立新的「人文主義」（不僅發展我們人類的理性與自由思想，更要闡發我們人類的德性、慧命與內聖、外王之道），推廣新的「人文教育」（不僅傳播一些舊的教條，更要就現實問題，尤其有切膚之痛的問題，發聾振聵的詳加解說，使人由感性的領會，進入知性的領會，更進入德性的領會），是唯一可行的出路。

我認爲：我們現代的「人文學者」，研究現實所需要的「人文學」，必須特別注意下列各點：第一，要把握「人本」的精神。我們中國人自古以來，就認爲「人爲萬物之靈」（見尚書泰誓），人是自己的主宰，既不應受鬼神的奴役，也不應爲物欲所左右。詩經小雅說：「凡百君子，各敬爾身，胡不相畏？不畏于天。」（見雨無正篇）人祇要做好一個人，對人無愧，那看不見的天帝有甚麼可怕的。小雅又說：「下民之孽，匪降自天，噂沓背憎，職競由人。」（見十月之交篇）人類的災禍不是天帝降下來的，都是由於人與人間當面的紛呶、背面的憎惡與紛爭競逐所造成的。人類的問題，人類自己都可以解決，實在是無待於鬼神的。至於物欲，中國人總覺得「唯錢是愛」的是卑俗意識，「唯性是好」的是淫蕩意識，在心理上總是鄙視的，所以陶淵明貧困得要向人乞食，還不肯爲五斗米折腰，極受中國人敬愛，而西門慶好色縱慾，卻落得喪身、敗家、絕嗣，還遭人唾罵。中國人總認爲人類社會應該以人爲本，既不是神的奴隸，也不做物的奴隸。第二，要體認「人生」的眞理。周易說：「生生之謂易。」（見繫辭傳上）又說：「天地之大德曰生。」（見繫辭傳下）人生於天地之間，究應如何的去生呢？我們認爲應該發揮「生命」的慧力與潛能，應該力求「生存」的向上與延續，應該體認「生活」的意義與價值，應該瞭解「生計」的作用與分享，不僅如此，還應該培養活潑潑的「生機」，如程明道時時看盆池裏所蓄養的小魚，自然也就生機活潑，而生氣盎然了；還應該培養蓬勃勃的「生意」，如周濂溪窗前草不除，他卻從這裏領悟到生意蓬勃，而養成他與自然同在，光風霽月的胸懷；更進一步，還應該培養樂陶陶的「生趣」，使人人都好生、樂生，而使人類社會充滿了祥和與幸福。第三，要探索「人性」的根源。禮記說：「天命之謂性」（見中庸篇），到底天賦與人的本性是怎樣呢？以前的學者有種種不同的看法，有的說「人性有善有惡」（世碩說，見論衡本性篇），有的說「人性無善無惡」（告不害說，見孟子告子篇），有的說「人性是傾向善的」（孟軻說，見孟子告子篇），有的說「人性是傾向惡的」（荀況說，見荀子性惡篇），有的說「人性無有不善」（莊周說，見莊子繕性篇），有的說「人性是善惡混的」（揚雄說，見法言修身篇），有的說「人性是分上中下三品的」（韓愈說，見昌黎先生集原性篇），而最後總覺得說人性本善，是具有良知、良能的，天賦本來是完美無缺的，容易使人具有「自尊心」，而恥於去爲惡；總比說「祖先犯了過錯，自身是罪惡的種子」，或是說「前生作了孽，這世要來受苦難」，使人生來就有一種「自卑感」，而甘趨於下流，要好得多。所以我們中國人敎小孩子，自幼就有「人之初，性本善」（見三字經）的觀念，深刻的印在腦子裏；以後長大，敎他們爲善去惡，就不難了。第四，要強調「人倫」的規範。人如果要「生」，便會發覺到人與人之間團結互助的力量，遠超過一個人孤獨奮鬥的力量。於是先由男女兩性的結合，發展而爲父母與子女親情的結合，再發展而爲兄弟姊妹相互提攜的結合，這就形成了家庭的倫理；由許多家庭再團結互助而成爲民族、國家的社會，必須要有領袖（以前稱爲「君」）、幹部（以前稱爲「臣」）與群衆（以前稱爲「民」）的組織（社團或政府）上下統屬，凝合爲一整體，這就形成了社會的倫理；社會上一些智慧優異的人，發明了許多有關生命、生存、生活、生計……等等的道理與方法，而儲備了許多的智識與經驗，傳授給別人，或是彼此觀摩學習，這又形成了師生、朋友之間的倫理。要使得各種倫理人與人之間關係的和諧與美滿，就必須建立起各種倫理的規範。禮記禮運篇所謂「父慈、子孝、兄良、弟弟、夫義、婦聽、長惠、幼順、君仁、臣忠」，以及「講信、脩睦、尚辭讓、去爭奪」種種行爲的規範，就因之而產生了。雖然各種規範或因時因地而略有不同，但是原本於對人的「愛」，則是絕無二致的。第五，要提高「人格」的境界。人不僅愛他自己，還要愛別的人，因爲別的人也是「人」啊；人不僅愛與他親近的人，也要愛與他疏遠的人，正如禮運所說「人不獨親其親，不獨子其子」，還應推己以及人，「使老有所終，壯有所用，幼有所長」，甚至「矜（鰥）寡廢疾者皆有所養」，必使天下人人皆能各得其所；這樣的不斷的擴大人與人之間的「愛心」，造成一種祥和安樂的社會，使得人人皆不忍心去傷害別人、欺騙別人、忌嫉別人、殺戮別人，所謂罪惡自然消泯於無形了。要做到這樣，必須先提高「人格」的境界，在「人情」的敦厚、「人心」的瑩淨、「人品」的高卓、「人行」的善良、「人德」的完美……各方面積極的下一些工夫，從多種途徑去培養。這就涉及到所謂「人文學」的建立與充實的問題，以及「人文教育」的設施與推廣的問題了。

當前世界上的學術界，由於經濟建設的不斷成長，也由於科技戰爭的迫在眼前，對於科技人才的需求最爲迫切，大多數的青年學者就一窩蜂的去探研科技，而政府對科技人才也大力的培植與獎勵，「人文學」與「人文學者」早就被冷落了！眼光比較遠大的人，看到現代的世界危機四伏，這纔憬然有所覺醒，覺察到「人文學」與「人文教育」不能再被忽略了，其重要性絕對不在科技的學術之下。但是科技的學術完全是屬於「知性」的，而「人文學」，則兼具「感性」、「知性」與「德性」。如講「哲學」，就科技立場說，最重視的是宇宙論和知識論（或自然哲學與理則學）；就人文立場說，最重視的則是人生論（或人生哲學），而與人生有關的，如倫理學、道德學、文化哲學、藝術哲學等，以及其他涉及到價値論的各種哲學（討論眞、善、美問題的各種學問），則均極爲重視。此外，如溝通人類的情志，則有語言學與文字學的鑽研；如傳遞人類的經驗，則有圖書學與文獻學的鑽研；這些都希求其正確無訛，而達到求眞的目標。如探研中國人道思想的發展，由講修、齊、治、平常道的「經學」，轉而爲儒、法、名、墨……諸家的「子學」，又轉而爲超、脫、寂、滅出世的「玄學」與「佛學」，更轉而爲心、性、理、氣入世的「理學」與「心學」；又如探研世界人群社會的組成，就其構成的分子說，則有「氏族學」；就其生展的歷程說，則有「歷史學」；就其政務的措施說，則有「政治學」；就其物資的運用說，則有「經濟學」；就其國際的肆應說，則有「外交學」；就其大衆的傳播說，則有「新聞學」；就其戰爭的攻守說，則有「軍事學」；就其集體的活動說，則有「社會學」……這種種學術都是爲了修己而安人，其目標在「止於至善」。又如爲抒寫人的情志，陶冶人的性靈，而有「文學」與「藝術」，包括「散文學」、「詩歌學」、「小說學」、「戲劇學」、「繪畫學」、「雕塑學」、「刺繡學」、「音樂學」、「舞蹈學」……等，希望借助於美的形象、美的聲音、美的動作，來美化人群、美化社會、美化世界，而遠離醜陋與罪惡。總之，有關「人文」的各種學術，除了求「眞」的各種科目，比較偏重於「知性」外，其餘則大多兼具「感性」或「德性」。所以實施「人文教育」，決不能專從「知性」著眼。

中國古代的教育，最重德性。周禮大司徒以「六德」（知、仁、聖、義、忠、和）、「六行」（孝、友、睦、婣、任、恤）、「六藝」（禮、樂、射、御、書、數）教萬民；師氏以「三德」（至德以爲道本、敏德以爲行本、孝德以知逆惡）、「三行」（孝行以親父母、友行以尊賢良、順行以事師長）教國子；保氏則教國子以「六藝」（禮、樂、射、御、書、數）、「六儀」（祭祀之容、賓客之容、朝廷之容、喪紀之容、軍旅之容、車馬之容）；到了大學裏，受高等教育，則如禮記大學篇所說：「大學之道，在明明德，在親民，在止于至善。」可以說國民教育（無論是平民的或貴族的）與高等教育都以培養「德性」爲主，而培養「感性」與「知性」則次之。在科舉制度推行以後，士子相率習文，以謀富貴，但同時卻有所謂「書院」以傳習人文，強調「德性」。卽如宋初睢陽戚同文、安定胡瑗、泰山孫復等，都以設書院講學，而轉移一代風氣，注意「人文教育」。我們祇看朱熹的白鹿洞書院教條，首列五教之目（父子有親，君臣有義，夫婦有別，長幼有序，朋友有信），次列爲學之序（博學之，審問之，愼思之，明辨之，篤行之），又次列修身之要（言忠信，行篤敬，懲忿窒慾，遷善改過），又次列處事之要（正其誼不謀其利，明其道不計其功），最後列接物之要（己所不欲，勿施於人；行有不得，反求諸己），就可以知道書院的教育完全是「人文教育」。南宋還有一些書院，如婺州的麗澤書院、建寧府的建安書院、吉州的鷺洲書院以及象山書院、詠澤書院、龍溪書院、竹溪書院、環溪書院……等，教育方針都是大同小異。元朝是蒙古人統治的天下，在中國歷史上算是學術比較衰微的一代，但是全國竟有一百二十所書院，來傳授中國的傳統文化，實施「人文教育」。明清兩代相沿不絕，在社會上都曾發生過很大的影響力，我們試看黃宗羲所著的明儒學案和徐世昌所編的清儒學案，不難知道一些情況。直到清末，鑑於歐美的國富兵強，光緒二十八年張百熙奏擬學堂章程，纔有摹倣歐美的新式學校；光緒三十一年正式的廢科舉，設學部（卽今日的教育部）；至於民國，新式學校已普遍設立，教育方針則漸由「德性教育」而轉向「知性教育」。自美國實用主義教育家杜威 (John Dewey) 來華講學後，於是實用主義、經驗主義、工具主義的思想瀰漫於我教育界。現代是一個智識爆炸的時代，各級教育尤其是高等教育都把心力灌注在科技新知的吸取與發明，講究「德性」的人文教育早就被置諸腦後了！可是社會上頻頻的發生種種不正常的現象，受過高等教育的常常出怪招、發謬論，而青少年頹廢墮落，幾乎無所不爲，殺人、放火、打鬥、姦淫、搶劫、詐騙等等的新聞，日見報紙，使人看得目顫心驚，大家這纔想起「人文教育」應該積極推行，不能再稍有忽略了。其實在美國這些社會不正常的現象早就存在，美國教育協會早就主張美國當前所需要的教育應是「均衡發展」的「全人教育」，該會的著名學者古勒特 (J. L. Goodlad) 在討論課程的改造時，就強調未來課程應該是「人文主義的課程」（Humanistic Curriculum），和我們中國過去「書院」的作法已大爲接近了，這是值得我們注意的。

至於「人文教育」應該如何推行呢？我認爲應該從幼稚教育、小學教育、中學教育紮根，而職業教育和社會教育影響最爲廣大，並不是大學教育所能單獨負擔的。但是大學是最高的學府，是各級教育機構所仰望的，自然也不能置身事外：第一，要對前述與「人文」有關的各種學科均能作深入的研究，並能作科際的整合，使高級知識分子對「人文學」的價值、體系都能有透闢的了解。第二，要使研究科技的人也都具有「人文學」的常識，另一方面也要使研究「人文學」的人具有一些現代科技的常識，從相輔相成中互求彼此的進步。第三，要建立起校園裏的人倫關係，使師生之間、同學之間、各社團之間充滿著愛的親和力。第四，校園內無論在教室、圖書館、博物館、實驗室、體育場、會議室、研究室、佈告處、禮堂、花園、走廊、宿舍、自修室、交誼廳……處處都顯出一種整齊、清潔、蓬勃奮發的生氣。第五，要使得校園內每一個人都能敦勵自己的人品，陶冶自己的人格，提高自己的人生境界，以眞、善、美的素養，來造福於社會、國家，來造福於世界、人類。

講座介紹

高明先生近照

高明先生，字仲華，民國前三年出生於江蘇省高郵縣。四歲入私塾，從塾師讀四書五經，初奠國學之基礎。九歲入縣立第一高級小學，已以文鳴。十二歲入揚州聖公會所設之美漢中學，習英文一年。十三歲入南京鍾英中學，以詩、古文及數學冠於儕輩。十七歲考入國立東南大學，從父命入中文系。會是時中文系名師雲集：姚孟塤先生講周易，深啓其衷；王伯沆先生講四子書，尤引人入勝；而姚仲實先生授古文，乃桐城嫡傳；李審言先生授駢文，實選學宗師；置身系中，如入寶山，不忍空手而歸，遂決計終其生致力於中國文化之研究矣。

惟以篤信　孫中山先生之思想，參加革命，為軍閥所追捕，脫身遁滬，以迎接國民革命軍之北伐。迨北伐完成，政府定都南京，改東南大學為中央大學，先生復學，更從黃季剛先生習經學及聲韻訓詁之學，從汪旭初先生習文字學，復從王伯沆先生習詩、古文，從吳瞿安先生習詞、曲，從胡小石先生習古文字學，從汪辟畺先生習目錄、版本、校勘之學，既獲覽中國學術之苑囿，乃益覺欲罷而不能；季剛先生更予以青睞，命入門牆之內，特加督教、時新文化運動正在蓬勃發展，仲華先生亦受其影響，廣接新知，涉獵甚為駁雜，不僅嚴復。林紓……等所譯歐西思想與文藝著述，肆意閱覽，甚至馬克思、恩格斯……等所作共產主義之經典，亦無不探研；經比較、剖析、深思、熟慮之後，懍然驚覺彼醜化中華文化者用心之險，與中華民族喪失信心之危，於是乃立志以維護、發揚、復興中華文化自任。

抗日戰爭期間，奉中央命至西康工作兩年，以西康鄰近西藏、青海，為佛教社會，乃潛心於佛學之探研。曁轉入大學任教，仍回歸於儒學。任教於國立西北大學之時，雖所授者偏及中國文學之科目，而所自治者則為三禮及關學。蓋欲以曩者所習之易理，印證關學，以內存其心；更欲以三禮之學，經世濟民，以外淑斯世也。

抗戰勝利，臺灣回入祖國懷抱之後，仲華先生以臺灣為日人統治五十年，中國語文已被摧殘殆盡，民族精神亟待傳布發揚，初為正中書局編初高中國文，後為教育部編標準本國文，又為國防部編各軍事學校國文，皆著眼於此，藉以奠定臺灣同胞接受祖國文化之基礎。

民國四十五年以後，又陸續建立國立臺灣師範大學國文研究所、國立政治大學中文系、香港中文大學聯合書院中文系、中國文化大學中文研究所及中文系、國立政治大學中文研究所，而為其主任或所長，又始創中國文學博士之教育制度，以培植傳播及發揚中華文化之中堅幹部。截至目前為止，經其指導及教育而得文學博士學位者已逾百人，得文學碩士學位者逾千人，得文學士學位者不計其數，現均致力於中華文化之傳播與復興。不僅國內各大專學校皆有其弟子在，韓國各大學有中文系者，其負責人亦多為其弟子，以是韓國建國大學校特頒予榮譽文學博士學位，以酬其功；他如香港、新加坡、日本、英、美、法、加拿大、土耳其等地亦均有其弟子在傳播中華文化。

仲華先生除教學外，又努力於著述。其禮學新探、孔學管窺久已流行於海外；七十歲時又輯其歷年所作學術論文，為高明文輯一書，內含有論學雜著、經學論叢、孔學論叢、小學論叢、文學論叢、傳記文輯六種，凡二百萬言，流傳於國際，亦自香港流入於大陸。主編之書，中華文彙約一千萬言，二十世紀之文學約六十萬言，羣經述要約二十萬言；與林景伊先生合編之中文大辭典約二千萬言，銷行尤廣，世界上之漢學機構無不有其書，即共區中各圖書館亦無不有其書，吾人文化反攻，蓋以此為嚆矢。退休之後，主編中華文化百科全書，業已脫稿，約一千萬言。其他著述，如大戴禮記今註今譯、爾雅今註今譯、中華文化問題之探索、中國聲韻學研究、珠湖賸稿等書，已在陸續出版，亦皆為闡述中華文化者。

先生之書既已廣播於國際，故國際學術會議亦多邀請先生參加。如漢城之國際東方學會議、夏威夷之國際朱子學會議、香港之國際中國古文字學會議、臺北之國際漢學會議、國際中國古典文學會議等，或聘其作基調演說，或請其作論文報告，或推其為會議主席，或倩其為學者講評，頗受國際學人之推重與仰望，屢為國家爭取其光榮與地位。綜其參與各種國際學術會議之目標則一，卽發揚中華文化之精神與大義，以引起國際人士之注意，使其瞭解唯物文化所造成現代世界之危機，唯神文化亦無以解除人類精神之苦悶，唯有我强調德性存養、發揮生命潛能之人本文化，始為救時救世之良藥。

中國文字與民族精神

潘重規

文字是民族的靈魂，中國文字更是我們民族精神寄託憑依的實體。在積極推動「人文教育」的當前，我們對本國文字尤其需要作一番深切的認識，我們應該一致起來愛護它、利用它，作爲推行「人文教育」的重要工具和基石。

談到中國文字，夠得上稱爲全世界歷史最悠久，系統最純潔，功能最偉大，體型最優美的文字，是我們中國人最寶貴、最可愛、最值得自豪的文化遺產！

何以說中國文字的歷史最悠久呢？根據中國古書如世本、淮南子等都說「倉頡作書」，倉頡是黃帝的史官，所以中國文字有四五千年的歷史，號稱世界三種最古文字之一。不過，自從近代疑古派的學者，對中國過去歷史任意抹煞，於是夏禹堯舜都成了問題人物，禹貢也成了僞書。商代的歷史，因有甲骨文的發現，纔被承認。像郭沫若一班人，都認定商代文字仍屬幼稚時期，從而推斷夏代沒有文字。沒有文字，自然沒有歷史，因此商代以前的歷史便全被抹煞了。影響所及，許多中國學者和外國的漢學家，都接受了這種看法。三四十年前，美國學者顧里雅寫了一本「中國文化的誕生」，便乾脆從商代講起。而英國名學者李約瑟著的「中國之科學與文明」，也肯定的說：「中國在仰韶及其他新石器遺物中，完全沒有任何書寫的東西。因此，我們只好斷定在商代初期(約在西元前一六〇〇年)，中國文字乃由最早的象形字而來的。」既然商代以前完全沒有書寫的東西，自然也沒有用文字寫成的歷史了。但是西方的學者，也有認爲中國五帝的歷史是可信的，如法國的索緒耳，便主張中國天文曆數的科學和堯典裏關於天文的一段文辭，是起於西元前二十四世紀的。如果堯舜時代文化已經那樣發達，倉頡不過是堯舜前三百年的人物，那麼，倉頡造文字，就不是不可能的事了。民國十九年，商務印書館出版了盧景貴的天文學，他依據黃道附近星座二十八宿宮度，推算堯元年（西元前二三五七年甲辰），以爲彼時黃經較現時約少六十度，故冬至，日在虛七度三十二分；春分，日在昴一度三十四分；夏至，日在星三度四十一分；秋分，日在氐十五度五十三分，是堯典之記載於時於天皆合。又用歲差求堯時日躔，於堯時星昴、星鳥、星火、星虛之位置也全合，故可認爲堯典所記的天象都是當時的事實。憑藉天象曆法推算古史上的時代，雖屬可信，但到底是一種間接的證明，所以還不能打消疑古派的謬論。不過，近數十年來，出土的文物，對中國文字的悠久歷史，卻不斷的提供了強有力的證明，現在簡單舉幾樁重要的發現：

1. **西安半坡出土的陶器和墓葬的文字**——民國六十二年（一九七三），于省吾「關於古文字研究的若干問題」一文中說：近年以來，西安半坡所發現的仰韶文化的陶器口緣外，往往刻劃着簡單的文字，例如五作×，七作＋，十作｜，二十作‖，示作T，玉作丰……不難設想，當時的簡單文字，不會也不可能限于陶器上，陶器以外，自然要有更多的簡單文字，……我認爲這是文字起源階段所產生的一些簡單文字。仰韶文化距今約有六千年之久（根據C_{14}同位素測得的數據，半坡遺物，最早是距今六○八四年加減一一○年，最晚是距今五六○○年加減一○五年，即最大的差距約爲四百八十年左右），這是可以確認的。

2. **大汶口出土的灰陶缸上的文字**——民國四十八年（西元一九五九）五月，山東泰安和寧陽交界的大汶口一帶發現了一個文化遺址，考古工作者稱之爲大汶口文化。據最近C_{14}同位素的測定，是距今五八○○年加減一○五年，年代和仰韶文化相近。據唐蘭的報導：「大汶口文化遺址出土的灰陶缸上的文字，已經發現了五個字。最有意義是其中三個都是炅字，兩個較繁，上面刻着太陽，太陽下面畫出了火，下面是山。而另一個字卻只有日下畫出火形，把山形省略。因此跟後來的炅字完全一樣。還有兩個字，一個是鉞字的象形字，也就是戉字和戊字（古代這兩個字是一個字）；另一個是錛的象形字，是斧斤的錛字。這些文字跟商周青銅器文字、商代甲骨文字，以及陶器文字，都是一脈相承的。這個遺址在龍山文化之前，至少在五千年以上，可見我國有文字可考的文明時代，應該有五千年，或者更多了。」

3. **江西清江吳城文化的陶器文字**——民國六十二年（一九七三）秋天，在江西清江吳城遺址發現的器物中，有三十八件器物，刻上六十六個文字，大多在陶器底部。有一件黃釉陶罐的肩弦紋下，刻了一周文字，似爲「今止豆口十中」，和大汶口陶器文字，以至商周時代青銅器、玉石器、陶器、甲骨的文字是同一體系。

由於上述實物的發現，可以知道在六千年前，中國已經有相當複雜的文字，除了純粹的象形和指事外，還有三體複合的會意字，這些事實又說明了六千年前的造字法則，和後來的六書完全一樣，同時也證明了漢字在這些文字產生之前，早已經歷了相當長久的時代。甲骨文、金文等是繼承着它的歷史發展而來的。因此，傳統的黃帝時倉頡造字的說法，實際上還是最保守的說法。

而且，我們的文字，雖然與巴比倫的楔形文字和埃及的圖畫文字並稱爲世界上最古老的文字。但它們的生命已告結束，而我們的文字，繼繼承承，蓬蓬勃勃，是一棵永不凋謝萬古常青的大椿木，我們能不引以自豪，我們能不加意來愛護它嗎！

何以說我國文字的系統最純潔呢？中國文字是獨立發展起來的文字，它是自己民族全體的共同創作，它是自己民族全體的心靈結晶。中國最初從圖畫發展起來的象形文字，其中偶然有的跟埃及象形文字暗合，但我們文字的發展，和埃及文字走着不同的道路。埃及的象形文字終於變成了拼音字母，而發展成一種拼音文字。中國文字卻以象形文字爲基礎，運用一種獨創的方法，把形、音、義三方面的關係巧妙地結合起來，成爲世界上一個「有獨無偶」的文字體系。我們的文字，從古文、篆文、隸楷、草書、行書，一脈相承，都是中國民族的心靈，都是中國民族的血肉。其他國家的文字，都遠不及中國的文字。例如西方英、法諸國，我們常常發現它的字源是拉丁、希臘，不像我們的系統純潔。還有東方的日本，它的字母叫做片假名、平假名。所謂名，卽是字。鄭玄注解周禮外史「掌達書名於四方」說：「古曰名，今曰字」，又注解論語「必也正名乎」說：「正名，謂正書字也。古者曰名，今世曰字。」所謂假，不是眞假的假，而是假借的假。意思是說它的字母是假借來的。那麼，它是從那裏借來的呢？當然是中國！片的意思是半，片假名便是借用半個中國字。平就是全，平假名便是借用整個中國字。我們知道造片假名的日本人吉備眞備，造平假名的日本僧空海，他們都是來我們唐朝留學的學生。日本人最早的兩部歷史書是日本書記和古事記；一部是用中國字寫日本的語音，一部根本就是用中國文字寫成的。因此可以說日本文字是從中國文字孳生出來的，也可以說沒有中國文字就沒有日本文字。三十幾年前，中華民國教育文化訪問團訪問日本，團長是錢穆先生，鄧萃英、凌鴻勳、毛子水、黃君璧、莊嚴諸先生和我都是團員，我們到達日本京都，京都大學校長歡迎我們，他致詞時，首先說他留學德國期間，他的指導教授問他：「你是日本人嗎？日本是屬於中國的嗎？」他說：他當時滿腔怒火，因爲問話的人是自己的導師，纔勉強按納下去，回答道：「日本是從來沒有屬於中國的！」他接着又說：「話說回來，如果從文化方面講，日本卻應該是屬於中國的。」他後面一句話確實是日本人的良心話，倘若從文字孳生的關係着眼，那是更容易看得確鑿清楚。西方人極愛豢養名犬，他們選購品種，必須附有出世紙敍明牠的世系，證明牠是純種，纔能增加牠的身價，我們的文字，眞是世界最純的文字呵！

何以說中國文字的功能最偉大呢？中國文字是現存唯一象形系統的文字，它的特點，是由字形以見義，雖與語音結合，卻不受語音變化的影響。因爲中國文字的意符，靠眼睛就可辨認；無論古今語言聲韻如何轉變，它的涵義可以不變。一百多年前，英國船長霍爾氏，看到漢字統一了東亞各地的語言，他稱讚漢字爲「思想的符號」，因爲漢字直接標記思想，故能獨立於語言之外；既不受語言流變的影響，便能達到超語言的表意功能。例如中國本土，方言紛歧，東亞各國，語系龐雜。如果用漢字表意，便毫無障礙。日本學者山木憲說：「英文非解英語不能讀，德文非解德語不能讀。歐美文字，無不然者。漢字則但須能辨其形，以英德俄法之音讀之，無不可也。今日本人以日本音讀之，如松讀マツ，杉讀スキ，花讀ハナ，草讀クサ是也。依此法，英人可讀日曰 Sun，月曰 moon，花曰 flower，木曰 wood。作爲文章，雖不解漢語者，皆可讀以本國之音而明其意；增交通之便，助文明之運，利莫大焉。今中國南北，發音不同，各據鄉談，將如瘖聾之相對；滿洲朝鮮，則言語本異，然無不可以書翰通意者，」外國人這番話，替我們說明了一個事實，就是中國幅員如此廣大，人口如此衆多，方言如此歧異，而能夠維繫億萬人的精神，能夠紀錄幾千年的歷史，那是全靠我們無比功能的文字。我們中華民族能建立世界最悠久偉大的國家，我們的意符文字，實在是發揮了統一團結的無比力量。有一年，我由馬尼拉乘飛機到香港，鄰座有一韓國乘客，彼此都以爲對方是日本人。後來我取出一本線裝書閱讀，他發現我是中國人，便攀談起來，初用英語，漸不能通，便寫中國字筆談，天文地理，三綱五常，無所不談，無談不暢，一直談到香港，我下機離去，纔依依道別。我們祖先留給我們如此優異的文字，我們還能不珍惜愛護嗎？

何以說中國文字的體型最優美呢？中國文字是世界特別具備高度藝術的文字。中國文字由圖畫發展而來，成爲一種線條的文字，線條的結構是可以表現一種構圖美而成爲一種高級的藝術品。在我們的藝術史上，書家與畫家齊名，無分軒輊。這樣的情形，顯出了中國文字優美的特點，還有另外一個特點，中國字是世界上唯一的衍形文字。在字形上，是一個形式；在字音上，是一個音節；在字義上，也是一個最小單位的意義。它由字形表義，沒有形式的添接和變化，成爲一個最單純、最簡潔、最優美的文字。美國弗列希博士在「如何更有效的寫作、說話及思想」(How to write, speak and think more effectively)一書中說：

中文是被稱為「沒有文法」的語言。若把其沒有的東西列舉出來，真令人吃驚。它沒有詞形變化 inflections，沒有格 cases，沒有人稱 persons，沒有性別 genders，沒有數 degrees，沒有時式 tenses，沒有語態voices，沒有語氣 moods，沒有不定詞 infinitives，沒有分詞 partiples，沒有動名詞 gerunds，沒有不規則動詞 irregular verbs，也沒有冠詞 articles。每一個字，只有一個音節，只有一種形式。

上面所說的許多文法，都是初學法文、德文、拉丁文、希臘文的人，最感痛苦的事。如果學俄文、梵文，那就更加困難了。英語比較簡便，算是比較進步的語言，而中國文字則是更進步的文字。故日本山木憲云：「文字之極則，在於明確簡潔，傳之千百年，讀者仍易於理會，此數事，求其無憾，惟中國文字足以當之。他日之徧布於宇內，可斷言也。」我們擁有這種最進步的文字，就產生了全世界文字所不可能產生的文學作品。例如用對句構成的駢文律詩對聯，便是我們「有獨無偶」的文字，所產生的「有獨無偶」文體。我們走到天涯海角，只要看見人家貼上一副門聯，便可確定裏面住的一定是我們中華民族的同胞。至於用對句構成的文體，其對偶構造的精工，同時內容涵蘊的優美，更是千言萬語不能殫述。現在舉一個最簡單的例子來說明。對日抗戰時期，我在成都四川大學任教，常常聽到當地者老談及四川軍閥的驕橫腐敗。據說，有一位軍人曾任軍長、廳長、局長，後來又轉任銀行行長。有一文士以行長二字撰成賀聯相贈，云：「行行行行行行行，長長長長長長長，」這位軍人看不懂，便請教他，他說：「第一、三、五、六的行讀杭，第二、四、七的長字讀上聲，讀出來便知道我善頌善禱之意。」蓋謂其每行業都可勝任，而且永久都作首長。環顧四海，還能發現出一種比這樣更簡潔、更靈活、更優美的文字嗎？我們擁有如此卓越的文字，還不應該好好的愛護它嗎？

我們擁有六千年悠久、純潔、優美、功能卓著的文字，我們的民族精神也深深的植根在我們的文字之中，如果要細說，也是連篇累牘說不完，現在也簡單舉例來說明。中國民族，是肯定人性的價值，肯定人性尊嚴的民族。儒家經典說：「天地之性，人爲貴」（孝經）。又說：「人者，天地之心，五行之秀」（禮記禮運）。這是二千多年前，中國人對「人學」和人類偉大的貢獻。其實，這種觀念表現在中國文字中，更遠在儒家經典之前。我們看說文解字解釋「大」字說：「天大，地大，人亦大。故大象人形。」意思是說，大字本來是象人的形狀，如人頭偏右便是夭（[illegible]），頭偏左便是夨（[illegible]），曲脛便是尢（[illegible]），交脛便是交（[illegible]）。由此可見大本是人字，但是中國人認識了人性的偉大，便把象人形的大字，用做偉大的大字。可見這種思想的源泉，更遠在孔子、孟子之前。其次，中國人是最重視倫理的民族，所以中國人最重孝道。孝道是中華民族精神的根本，所以中國人特別造了一個孝字，說文釋云：「善事父母者，從老省，從子，子承老也。」今天在其他民族的文字裏，很難找到和我們孝字相同意義的字，英文用 Filial piety 來繙譯孝字。Filial piety 二字皆源於拉丁，Filial 是「子女的」意思，piety 是「對神虔敬」的意思。他們沒有與孝字觀念相同的文字，只好捏合 Filial piety 兩個字來繙譯中國的孝字，可見孝道是中國人獨具的民族精神。這種精神，不但周公、孔子不斷的發揮，而在文字上自然流露出來的尤爲深刻。中國人向來認爲烏是孝鳥，所以特別爲它造一個象形字作烏，和鸞、鳳、鳩、鴿，從鳥的形聲字不同。而且說文解釋說：「烏，孝鳥也。象形。」在鳥字部首之外，還爲它獨立自成一部。這是我們民族精神流注到文字中的具體表現，不但世界各國民族所無，也是世界各國人所不易體會到的境界。我平生頗愛遊覽山水，在南京念大學時，每逢假日必定出遊，而且出遊的習慣，歡喜步行，早出晚歸，只帶水壺乾糧，身邊常常不名一錢。有一個暮春的週日，和同學漫遊了明孝陵、靈谷寺，傍晚回城時，路邊一位丐婦抱着小孩求乞，我就把籐編提籃中剩餘的一個麵餅遞給她，她接過麵餅，像閃電似的立刻送入小孩口中，她簡直像沒有感覺到自己的饑餓似的。我當時一怔，纔發現世界上每一個慈母的偉大，纔感覺到「誰言寸草心，報得三春暉」是世界上每一個人子的心聲。那時共產黨人陳獨秀等，正在高唱非孝的學說，他的學生還辦了一個雜誌名叫「非孝」，所以我從心底裏對他們痛恨憎惡。他們知道民族倫理精神，深深植根在中國文字之中，所以要徹底廢除中國文字，破壞倫理道德，毀滅民族精神，做爲一個中國人，我們能夠不奮起團結來保衞我們的民族文字和民族精神嗎！

講座介紹

潘重規先生近照

潘重規先生，安徽省婺源縣人，民國前四年出生，國立中央大學中文系畢業。曾任國立東北大學、國立暨南大學、國立四川大學、國立安徽大學、國立臺灣師範大學、新加坡南洋大學中文系教授、香港中文大學新亞書院中文系主任及文學院院長。民國六十二年，應聘為法國巴黎第三大學訪問教授，民國六十三年，獲法國學術院漢學最高榮譽茹連獎；民國六十六年，韓國嶺南大學贈予名譽文學博士學位，現為私立中國文化大學中文研究所所長。

潘先生為學嚴謹，數十年如一日，平生不涉足政治，致力於民族大義之發揚。民國四十年在師範學院設立「四書講座」，倡導孔孟學說，以振發人心；並撰注民族文選，以發揚民族精神。

潘先生曾主編部定標準本高中國文，為臺灣國文教育奠定基礎，近年來，多次參加國際漢學會議，往來倫敦、巴黎，閱讀敦煌寫本，著敦煌詩經卷子研究論文集、瀛涯敦煌韻輯新編、唐寫文心雕龍殘本合校、敦煌雲謠集新書，更創刊敦煌學雜誌，編印國立中央圖書館所藏之敦煌卷子，期以闡揚中華民族之絕學。

潘先生潛心研究，著有顧亭林詩考索、紅樓夢新解、紅樓夢新辨、紅學六十年諸書，主編紅樓夢研究專刊十二輯，均受國際學術界所重視，為當今紅樓夢學說之研究專家。

「愛」是救人救世的力量

趙雅博

人，自覺自發的認爲自己與其他動物不同，可是到了默觀反省的時候，人究竟與其他動物在根本上有什麼不同？將它恰切確切的說出來，很多人都感覺到是相當困難的。

人究竟與其他動物有那些不同？

一、外表的重視

世界上的一切自然物，如果我們有意的加以觀察，我們毫不費力的便會發現；一切除人以外的物，從初生到長成，到老死，在一定的過程上，總是絲毫無所加添。這個，我們指的是在自己方面，沒有一個動物，在自己自然所據有的狀況以外，會自動自發的給自己加上一些裝飾，讓自己的外表與生來所原有的外表有所不同，他原來怎樣，便永遠是原來的那樣，他不會自動的給自己的白毛染黑，也不會將自己耳朵拉長，更不會改造自己的雙眼皮，如果是他自己不能的，他也不會要求他人（或他同類之物），爲他來作。

人呢？在他的理智作用開始發生效力的時候，他就會對自己的外表注意，尤其到了他懂事的時候，他更留意在這些方面：女人們呢，給頭髮燙鬈曲了，給口唇染紅了，給眼眉加上青黛之色，給面部塗上粉脂；男子們呢，他對自己的頭髮，自己的鬍鬚，對自己衣褲，對自己鞋襪，都加以考究，不但如此，對自己的步履姿勢，也都加意留神，老學究要邁方子步，年輕人要加快步，坐起來要挺胸昂首，女子們要擺動腰肢，要刻意表現曼妙。

在其他有關肉體以外的事件，也是一樣！住屋臥室，要這種那種方式，旅行也找到了代步的無數方式！車、船、飛機、電梯，以後或更有其他新方式。飲食方面，飲料、食品，花樣之多，令人咋舌。在改造自然、控制自然方面，人類對自然的加工，所找到的方法，更是神奇萬分；此外，對大自然的認知與探討，也日新月異，這些也絕不是任何動物所能有的。

人有對外表的重視，而動物則無對外表的加工表現，其原因何在呢？

二、內在精神的重要

「誠於中，形於外」，西方諺語則說：「心有充溢，宣之於口」，心理學與哲學告訴我們：「思想製造行爲，行爲呈現思想」，外表的表現，必須有內在的決定，人與禽獸之差異，既有之於外表，那其差異之依據爲根本，自然不是在外表，而是在製造外表行動的內心，動物既乏外表之重視，自然也缺少製造外表之內心，這內心當然指觀念與思想，無內心之觀念與思想，自然不會有外表之表現。那末，我們可以看出來，內在更重要於外在，而內在心之觀念與思想，如果有系統、有關聯，與外表之表現，完全如一，那就成了一種精神了。

人，每個人的生活，都是根據他的思想，根據他的觀念，根據他的認定。有人說：不一定，有人也可以說大多大多數的人（幾乎可以說一切的人），都認爲好事該作，壞事不該作，然而到了眞正作事的時候，他可不這樣作了，這不是人生活不根據他的思想了嗎？

不，人，每個人的生活，都是根據他的思想，根據他的精神，他之所以不作一般人認爲的善，而作一般人所認爲的惡；他仍然是依照他們的想法，依據他的精神作事與生活，因爲他在作某件事的當時，在他的心內，他可能認爲這樣作不對，但是他又認爲另有理由，讓他必須這樣作，這樣生活；這樣作這樣生活對他是更好的，他們認定能夠並且多次是錯誤的，可是在主觀上，他認爲他這樣乃是有理由的。

三、我們要樹立什麼樣的精神？

我們知道精神對生活的需要、重要與必要，很自然地，我們就會結論說：我們該有一種精神，是的，我們不必說該有，而乃是必定有，不過，有什麼樣的精神？這個則在我們了，我們相信，您自然的也會告訴我，人該有一個良好的精神。良好的精神，我們也知道有很多種，究竟是該要那一種精神呢？

在筆者認爲：我們需要建立一種對現世界最有用，而最缺乏的精神。一個人，一個家庭，一個社會，一個國家，如果要生活得幸福快樂，最需要的是什麼呢？我想，您會很堅決的告訴筆者：有愛與被愛，一個愛人而被人愛的人，才是有幸福與快樂的人，然而在目前的世界，所最缺乏的，不就是愛嗎？

人，有理智，有意志，理智主認知，知道什麼是眞是善。就本體來說，眞與善相通，就本體來說，眞就是善，善也就是眞。而人的意志則先要眞要善，所謂意志的要，那便是愛，人之基本構成要素爲愛，人必需要愛；同時，在被動方面，自然也需要被愛，宗教方面，除了少數的宗教以外，也莫不主張愛人，耶穌基督所立的宗教，不但主張愛人，並且主張愛人如己，愛仇人，愛他人如同基督的愛他人一樣，甚至基督還說着：「上帝卽愛」！如果承認人是上帝所造，自愛而來的人，自然也該是愛了。宗教以外，哲學家也多主張愛，我們的孔夫子不是大力提倡愛嗎？仁者愛人，泛愛衆，而親仁，孟子主張老老幼幼，不但愛自己的人，也主張愛他人的人；墨子主張的更徹底：「兼相愛」，但他的動機卻有些利的觀念，因爲在兼相愛以後，他主張「交相利」，無論如何，他是強力的主張愛，並且也指出上帝的意旨：上帝要人愛人，印度哲人釋伽以及巴各地派，也都主張愛；另外，在每個人心底深處，也都感到愛的需要；由此，我們可以知道，愛是非此不可，愛不可或缺的，人，就其基本天性來說，是愛善惡惡，愛本身就是一種善，當一個人完全確定確知，他無條件的爲人眞正愛的時候，他會對這個眞愛以還報的；所謂愛人者，人恆愛之，假如不是這樣，那不是因爲愛，而是因爲他覺得那所謂愛他的人，並不是眞正愛他，眞愛而不被確知眞正愛他的人給予還愛者，那樣的人，便不堪稱之爲人，也不算是一個眞正名副其實的人了。

然而由於人是具有自由意志的，他有自由愛這個或不愛那一個，也有自由愛與不愛；加上，他又很難確知人對他是否有眞愛，並且也有人多次藉着愛的名義，而加害於他，因之，很多次，他便不敢愛了。

人也有行善作惡的自由和能力，人與人相處，自然也不免有作善或作惡的事實，人對人的愛，也可能有假，也可能是爲利用他而愛，在有利的時候，僞裝有愛，而被利用的人，一旦知道了，自然要保留下他的愛來，於是不愛的事實，也自然就發生了。

由於不愛，利用，很自然會發生不幸，發生猜忌、懷疑的事件，於是人與人之間就有反對愛的仇恨發生了。

實在，您放眼看看全球世界，今天各處所發生的事實，比如我們在報紙上所見：殺人、搶刼、強暴、盜竊、倒債、倒會、欺詐、拐騙、造謠、誹謗，這些還可以說是個人行動，而團體行動：刼機、刼船、刼車、爆炸，再擴大而至於國與國之間，大陣營內互相敵視、仇恨，而在同一陣線內，爲了自己的私利，也是仇恨、紛爭，互相出賣，在商業上，在經濟上，總是想佔盡他人的便宜，打倒他人，我富足，使別人窮困，我生存，使別人潦倒，實在，今天的世界，實在成了國與國鬪，家與家爭，人與人恨，父母子女兄弟夫婦，彼此成仇，彼此成恨！

有愛，往往也不成爲純潔的愛；有愛，往往也只是利己的愛。一個美麗的世界，一個比一切物高貴的人類，由於恨，已經變成了世界最醜陋的東西。

黑暗籠罩了大地，黑暗籠罩了人心，黑暗籠罩了各處，黑暗、黑暗，沒有愛的光明，一切都是黑暗、汚濁、齷齪！黑暗，不是人生活適宜的地處！黑暗就是人間地獄。

克服黑暗，只有眞正的愛，那裏有愛，那裏便沒有黑暗，那裏有愛，那裏便有光明，那裏有光明，那裏才有眞正成爲人的生活，那裏有愛，那裏才適宜於人的生活。人之於愛，正如魚之於水，人之於空氣；無愛，人的肉體雖然不一定死亡，然而他卻沒有眞正的精神生活，只是一種植物人的生活，一種無意義與無味道的生活，最多我們可以說他是行屍走肉，不足以稱之爲人的生活。

實在，人的天性必然要愛，有愛始有被愛，愛而被愛，被愛而愛，這就成了愛人正所以愛己，愛己就該愛人！

這是愛的眞諦，這也是愛的眞意。我們忝爲人類，與其他動物植物不同，其要點，其眞實，就是在我們的行爲中——這行爲無論是專屬於人的，也無論是屬於動物性的或植物性的，具有愛的性質，一個行爲，只要有愛在內，它便可以稱爲是屬於人的行爲，是人的行爲，是可讚許可鼓勵的行爲！

人生不該同於動物，人生應該有一個眞正意義，那便是我們要樹立一個良好精神，如前面所說，就是建立一個愛的精神，愛的意義，我們已經約略提過。現在，我們要再提一提，如何才能實踐眞正的愛？而使我們的人生有意義。

四、無限度的犧牲

愛，並不是只口頭說說就完了，也不是只口頭說說就夠了；不，愛要有具體的表現；具體的表現，當然是在實際的工作方面，愛人的實際工作，自然是在精神與物質方面，協助那需要協助的人，在精神方面的協助有很多種類，有在智力方面的協助，有在意志方面的協助；物質方面的協助，不外出錢出力，使人解決在肉體生活方面的困難。

無論是在精神方面協助他人，也無論在物質方面協助他人，都要犧牲自己，付出並奉獻自己的力量，這種付出或奉獻，總是要消耗精力與體力，不是一件輕鬆愉快的事，所以我們才說它是犧牲。

我們說犧牲是要無限度的，大家要注意，我們並沒有說是無限的，這是說，在可能的範圍內，我們應該無條件的，儘我們的可能，來爲他人服務。

至於服務是不是有代價，這個並不關涉於本題，無論有代價的犧牲，也無論無代價的犧牲，我們都該甘心情願，基於愛人的去犧牲；犧牲服務，如果不基於愛人的精神，雖然在外面與基於愛人而作的犧牲，沒有多少區別，但是在骨子裏區別卻是很大的，至少在作犧牲及服務者的主觀境界中，是有很大不同的，因爲有的犧牲是不得已，有的犧牲是出於面子，出於畏懼，出於貪利，而沒有一點愛，這種犧牲不但沒有價值，並且還可能由之而生出許多怨尤與痛苦，這樣的犧牲，實在是沒有意義的；作爲一個有理智的人，不應該作這樣的傻事；我們的意志，由我自己控制，我的理智告訴我的意志；是非善惡，意志自然選定擇善，而絕非擇惡，一個必需要做的工作，如果我加入了一個良好的意向，事情在本質上社會有所改變，比如一件無善無惡的事，如果我有一個良好聖善的意向，事情就可以轉成善的，如果我在善事上，有個犯罪的意向，善事也就成了惡的；比如我幫忙窮人，目的是要他能聽我的指揮，而去殺人，那本爲好事的幫忙，就成了惡事了，在爲他人犧牲、服務上，卽使是不得已，被僱傭，只要我有愛的動機，便成爲一件好事了，加上一個良好意向，使犧牲更有價值，那我又何樂而不爲呢？

五、愛自然團結

愛有貪愛，有善愛，無論是那一種，愛與被愛者自然要團結，人與人之間如果沒有愛，不會有男女的長期結合，人與人之間如果沒有愛，夫婦子女父母兄弟，也無法在一起共同生活，小而家庭如此，大而國家世界，又何嘗不如此。人類如果沒有彼此的相愛，小而個人犯罪，損人利己，大而國家分裂，內亂紛爭，國際的互助傾軋，侵略併吞，即使不作行政侵爭，也要作經濟上的佔領，總之，沒有愛的人類與世界，自然是各人思想害人以利自己，因爲人不能不愛自己，愛自己而不愛他人，那一定是要利用他人（害自然隨之）以利自己，人人如此，家國天下之不大亂者，未之有也！

然而如果情形相反，人對他人有愛，自然是想法在一起，這就是團結了，小而個人與個人，大而國家與國家，在相愛自然相需——不只是物質上的相需，精神上更爲相需——的條件下，其結果自然是團結一致了。

人是社會性的動物，他的七情六慾，尤其是崇高卓絕的愛情，更是向外擴展；愛與被愛的要求，是任何人也脫不過的，人只有愛人而被人愛，才會有滿足，愛情向外，自然也願意與其所愛者結爲一體：我之所愛，轉而愛我，是我被愛，我所愛者也是被愛，自然也要向其被愛者團結了。

有了愛自然就有團結，在彼此團結中，自然有彼此的服務，這個自然就是犧牲，有團結必定要有犧牲，有犧牲才能有團結，團結犧牲的根源在愛情，愛則是人具有社會性的自然要求。

六、實行、實行、實行

一個精神的培養，首先須要的是個人內心的工夫，這個誰也不能代替，別人只能從旁提示；至於培養不培養，那就完全在於個人了，因爲意志是屬於人自己的一種特質，無人能支配他：「我欲仁而斯仁至矣」，「三軍可奪帥也，匹夫不可奪志也」，意志只是有意志的本人可以指揮它，其餘的人物，只是從外影響它的力量，聽不聽全在意志本身。

意志主選擇，選擇了自然要見諸實行，實行也有兩種，一種是內在的實行，當着意志一決定要作的時候，就已構成了完全的行爲，比如我決意殺人，在道德上，我已犯了殺人罪，只是缺乏外在的補足這個決志算了；其次就是外在的行爲，外在的行爲，如果沒有完全的理智和意志作用，其違反道德的程度，可能比內在的行爲還小，也有時外在的行爲並沒有內在的價値，比如完成外在行爲的人是無心的行動，比如夢魘的人，在不清醒的態度下殺了人，這個外在的行爲，並沒有道德與不道德的價值。內在的行爲，只是違反道德，並不涉及法律；除非是秦始皇的腹誹的法條，沒有法律是涉及內在行爲、內在意願的；而外在的行爲，則在法條之內，受法律管轄，一般人們只有稱外在的行爲才是實行，其實不然，內在的行爲也一樣是實行。

愛的本質是要所愛之物之人得到利益，利益不是自天上飛下來的，而是要加給他的，那自然要爲得到爲他的利益而工作，這不就是實行嗎？

有愛一定要會去實行所要之事，不然便不是眞正有愛了！

七、有愛就能救世

今天，凡是達到成年，而又熟諳時事，並關心時事的人，沒有不在抱怨；世界的紊亂，國家的不安，社會的多故，其原因安在呢？墨子在前兩千四五百年就告訴我們了：不相愛。相愛與仇恨，雖然不是矛盾，然而乃是相反，則無疑義，有愛就沒有仇恨，有仇恨就沒有愛。

不錯，不相愛在理論上並不一定相恨，但其仇恨的可能性，則是非常之大，如果求之實際，由不相愛而會生仇恨，則是極爲習見之事。

說眞的，世界的紊亂，其眞正的原因，乃是起自相恨。恨的結果，不但要作損人利己的事件，而更是要作損人不利己的事件，甚至還要作損人損己的事件，今天世界的現象，後二者的事實，不是也很多嗎？爲了殺人，而也失掉自己的性命！這不是害人害己嗎？

反過來說：如果有了愛呢？他不但不作損人損己、損人不利己的事件，就是損人利己的事件，他也是不肯作的；他要作的，最少是利人利己的事件，更進一步，他還要作利人損己的事件，愛是要自己吃虧，讓別人佔便宜。

試想人人不損人利己，人人肯損己利人，則天下不就是人人爭相彼此協助，人人爭相爲別人服務了嗎？家庭之間如此，則家庭和睦；鄉里之間如此，則鄉里無爭；國家無內亂，社會皆祥和；國際之間，也自然沒有強凌弱，衆暴寡的事件，自然也不會有各種損人利己的侵略，彼此幫忙，自然是和平樂利了，愛的精神，如果能在每個人心中建立起來，尤其是在有活力的青年心中，建立起來，影響所及，不但救己，也更救人而挽救了世界，我們不是趕快要加速地樹立起這個良好的精神來嗎？

講座介紹

趙雅博先生近照

趙雅博先生，河北郡望人，民國六年四月十三日出生。十二歲時進保定教會學校讀書；民國二十七年，赴北平文聲神哲學院攻讀哲學神學，後入北平私立輔仁大學國文系，畢業後，於三十八負笈西班牙，在馬德里國立大學哲學研究所研究，取得哲學博士學位，並入最高科學研究院研究。民國四十三年冬返國後，執教於國立臺灣師範大學。民國五十八年出國考察一年，遍歷三十餘國。民國五十九年出任政治大學哲學系主任並兼任輔仁大學、文化學院高級哲學研究所教授；民國六十一年，應阿根廷首都救主大學之邀，接長東方研究所二年，並於越南各地擔任客座教授，與牛若望副主教創辦現代學人季刊，協辦教友生活週刊，主編哲學與文化月刊。民國六十四年榮獲阿根廷國立大學榮譽教授，現任天主教耀漢小兄弟總會長。

趙先生讀書興趣甚廣，對文化、文學、社會科學、哲學、美學都有研究。在神學院就讀時，卽翻譯法文名著數種。留西期間，並翻譯西班牙名著「德來自傳與全集」百餘萬字，另有談思想與今日西班牙之著作多種問世。在臺期間，共有譯作三十餘種，重要著作如「哲學概論」、「哲學新論」、「西洋哲學的發展」、「希臘三大哲學家」、「近代西洋哲學的起源」、「思想方法與批判」、「抽象藝術論」、「存在主義論叢」、「中西文化的新出路」、「文藝哲學新論」、「倫理叢書」等書，譯著有「知識的等級」及「社會倫理」等。

民國六十九年，趙博士被選為世界成功人物，傳記登錄於英國出版之世界名人錄。民國七十年被選為Who's Who（劍橋）世界之名人。民國七十二年被聘為阿根廷國立大學東方研究部之中國研究主任，頗受該國朝野之重視與禮遇。趙博士志在發揚中華文化，綜合中西思想為一爐，完成一種世界性的新思想，以促進世界在思想上的大同，並締造長期的和平。

科技發展與人文教育

劉 真

從第二次世界大戰結束以後，人文教育便開始受到各國教育界和學術界的一致重視，記得民國五十七年十月，我在西德參觀一所著名大學時，該校校長曾坦率相告：「二次大戰後，德國所受物質上的損失，早已恢復。但精神上所受的損失，恐永難恢復。」又謂：「從物質方面看，今天的世界似乎什麼都有了；但從精神方面看，今天的世界似乎什麼都沒有。」第二年，也就是民國五十八年二月，我由倫敦前往紐約，一位英國大學教授在機場送行時對我說：「劉先生，你到美國後，可能看到人類登陸月球的壯舉；但是你要知道，人類的技術可以登陸月球，而人類的思想，卻可毀滅地球！」他所謂的毀滅地球的思想，卽係指各種足以破壞世界和平製造人類禍害的偏激思想而言。西德和英國，都是在科學技術方面最進步的國家。他們的教育家也同樣感覺到物質與精神失去平衡，乃是今日人類文化所面臨的最嚴重的問題；如果人類缺乏一種正確的人文思想，指導運用科學技術研究發展的成果，則未來的世界將會發生很大的災難。

所以，民國六十六年五月二日出版的「美國新聞及世界報導」雜誌，便曾有專文談及目前美國大學已有逐漸重視人文學科的趨勢。由三百二十三個公立大學和學院組成的「美國州立學院及大學協會」，在本年二月間特別發表一份政策性聲明，呼籲各大學應注重人文學科。哈佛大學由七位教授組成的專案小組，正在廣泛研究大學教育。哈佛文理學院教務長說：「大學生必須涉獵各種基本課程，才能被認爲是眞正受過高等教育」。

美國肯延學院院長約頓曾對學生說：「如果你在物理學、經濟學或醫學方面懂得很多，而對蘇格拉底或莎士比亞或諾曼人征服英國的歷史一無所知，仍沒有什麼好處。因爲你沒有能力使你的工作跟社會發生聯繫，更不能使你的工作在歷史上佔一席之地。」

多年來以科學、數學和工商業課程爲主的美國幾百所大學裏，目前主修人文學科如語言、歷史和古典希臘、拉丁文學的學生，爲數已日漸增加。因爲他們自己發現：過去所接受的高等教育，既不完全，又不平衡。美國約翰霍布根斯大學校長莫勒甚至諷刺自己說：「我們教育成功的乃是一批技藝高超的野蠻人。」

美國自一九五七年蘇俄發射第一枚人造衞星後，便大事改革學校課程，特別重視自然科學與應用技術，對傳統的人文學科，便相對地予以輕視。但是經過多年施行的結果，發現一般大學生知識領域，過於狹隘，尤其在這個改變得極爲迅速的時代裏，喪失價值最快的便是一些範圍很狹的專業課程。因此，有些教育家對過去大學課程的改革，表示懷疑。我們從上述「美國新聞及世界報導」的專文中，便不難看出美國大學開始重視人文學科的端倪了。

現在再從我們中華民族文化演進的歷史來看，人文精神一直是我們文化架構中的支柱。人文一詞，最早見於易經，所謂「觀乎人文，以化成天下。」易經又言：「立人之極，曰仁與義。」孟子滕文公篇上說：「人之有道也，飽食煖衣，逸居而無教，則近於禽獸。聖人有憂之，使契爲司徒，教以人倫。」又說：「夏曰校，殷曰序，周曰庠，學則三代共之，皆所以明人倫也。」自孔子以來，歷代的思想家，都特別重視「人」的問題。大家所探討的，大都以「人性」「人道」等爲中心。在教育方面，自三代迄今，可以說一貫地實施着儒家所提倡的「倫理之教」。

因爲中國幾千年來多數思想家均是主張人性善的，所以大都認爲教育的目的，在發展人性，培養人格，宏揚人道。例如「中庸」首章說：「天命之謂性，率性之謂道，修道之謂教。」「大學」開宗明義也說：「大學之道，在明明德，在新民，在止於至善。」可知中國自古以來所謂教育的主要功能，就是要把人類天賦的善性充分發揮出來，使人們自覺人之所以爲人的道理。「論語」所云「人能弘道，非道弘人」，更說明了「人」的重要性。所以中華民族的正統思想，自然可稱之爲人文主義或人本主義。

不過，人文主義雖然是中華傳統文化體系的骨幹，但是我們中國歷代的思想家卻並不否認「物質」的重要。例如在過去農業社會中，對農工與生產卽甚爲重視。「孟子」上說：「百畝之田，勿奪其時，數口之家，可以無飢矣。」「周禮」考工記上說：「百工之事，皆聖人之作也。爍金以爲刄，凝土以爲器，作車以行陸，作舟以行水，此皆聖人之作也。」因爲中國人很早便知道：「生之者衆，食之者寡，爲之者疾，用之者舒，則財恒足矣。」以及「富而後教」、「衣食足然後知禮義」的道理。

而且從哲學的觀點來看，中國古代的思想家，尤其是孔子，都是主張心物合一或心物並重的。如果因爲中國目前自然科學和應用技術不如西方國家那樣進步，而遂認爲中國人向來缺乏科學精神，那是非常不客觀和不公平的。孔子曾說：「知之爲知之，不知爲不知。」難道孔子這種研究學問的態度，不是完全符合西方科學家所強調的求眞求實的精神嗎？又如孔子認爲治學要做到「毋意、毋必、毋固、毋我」，以及「中庸」一書所云「博學、審問、愼思、明辨、篤行」的治學方法，可以說與英國培根所說的「蜜蜂釀蜜」的治學方法，都是同樣符合科學精神的。（按培根認爲做學問的人有三種：第一種人好比「蜘蛛結網」，其材料不是從外面找來的，而是從肚子裏吐出來的。第二種人好比「螞蟻屯糧」，他們只是將外面的東西，一一搬回去儲藏起來，但並不加一番製造消化的工夫。第三種人好比「蜜蜂釀蜜」，他們採擷百花的精華，加上一番釀造工夫，做成了又香又甜的糖蜜。）

所以，我們說在中國文化傳統中，兼涵有人文的與科學的兩種精神，是具有充分根據的。

此外就中西文化演進的歷程而言，中國自宋明以後，由於理學家特重心性之學，以及受到印度佛學的影響，一般知識份子的研究對象，遂有偏於「心」而忽於「物」的現象。以致科學技術方面，逐漸落於西方國家之後。一直到清末因受列強壓迫，變法維新，才開始提倡科學，以求迎頭趕上。可是有些吸收了西方文化的人士，尤其若干在外國專攻自然科學的留學生，卻只知崇尚西方的科學技術，而對中國的固有文化，產生輕視的心理。所以 國父中山先生在民族主義第六講中曾說：

「現在受外來民族的壓迫，侵入了新文化。那些新文化此刻橫行中國，一般醉心新文化的人物，便排斥舊道德，以為有了新文化，便不要舊道德。不知道我們固有的東西，如果是好的，當然是要保存，不好的才可以放棄。」

中國的倫理道德，是以人文爲中心的中國傳統文化的主體。 國父所謂一般醉心新文化的人物，以爲有了新文化，便不要舊道德，亦卽無異說他們只知注重科學精神，而忽視了人文精神。在今天大家高唱「科學萬能」的時代，一般國民尤其知識青年更有這種「重科學」「輕人文」的心理。所以先總統 蔣公特別倡導中華文化復興運動，說明中華文化的基礎爲倫理、民主與科學，使大家了解人文精神與科學精神密切結合的必要。

至於西方文化演進的情形，則較爲曲折。在希臘時代，很多哲人便認爲宇宙間的一切，以「人」爲最重要，普洛達格拉斯卽有「人爲萬物的準繩」之語。蘇格拉底將學術硏究重點由「物」轉而到「人」，柏拉圖和亞里士多德繼承其思想，並加以發揚光大，形成了崇尚自由、重視人生的希臘文化。其後羅馬帝國興起，羅馬人以「功用主義」爲人生的指導原則，可以說在本質上，仍是延續了希臘文化的精神。一直到了中世紀，基督教教義成爲歐洲一般人思想與生活的基礎，神的尊嚴超越了人的價值，使希臘羅馬時代的人文精神湮沒不彰，同時也阻礙了西方文化的發展；經過這一段西洋史上所謂的「黑暗時代」以後，接着便產生了文藝復興和宗教改革運動。尤其文藝復興運動的主旨，就是要把人從天國拉回塵世，亦卽希臘人文主義的再生。

歐洲人於文藝復興運動之後，思想獲得了解放。在科學與技術方面，不斷地發明，不斷地創新。劃時代的工業革命，改變了人類的生活方式，提高了人類的生活水準。於是大家都認爲：只有科學才能增進人類的福祉。尤其是第二次世界大戰，係以原子彈的發明而結束。在這種情況之下，自然科學與應用技術遂成爲學術界研究的重心。在一般人心目中，不僅科學萬能，而且科學家也是萬能的了。

可是，同時，大家也都感覺到和看得出：原子彈雖然結束了第二次大戰，但是原子彈卻也帶給人類更多的恐懼。自二次大戰結束以至今日，整個世界陷於紛爭擾攘之中。民主與極權兩大集團的冷戰，以及區域性的國與國之間的熱戰，愈演愈烈，迄未終止。於是人們開始覺悟到：科學並不能解決人類的眞正問題。因爲科學可以造福人類，也可以爲害世界。

因此，近年各國有識之士，一致認為要想從根本上解決人類的問題，還是應該從思想方面入手。英國哲學家羅素在其所著「世界之新希望」一書中曾說：「今日世界問題的最大困難在於心理因素，心理因素的改變則有賴於教育。」聯合國教育科學文化組織約章內，亦曾明白宣示：「戰爭既發動於人心，故和平之壁壘，仍須建築於人心。……文化之傳播與交流，及正義自由與和平之教育，為人類尊嚴所必需；此為一種神聖之責任，各民族應以關切互助之精神求其完成。」於是重振人文主義的呼聲，遂廣泛地引起各國知識份子的共鳴。有些著名學者如英國的湯恩比等，甚至認為只有弘揚東方的人文思想與倫理觀念，才能徹底解救人類未來的危機。

這種思想表現於教育方面者，便是近年各國關於大學課程的改革。記得民國五十七年秋我參觀西柏林工業大學時，該校負責人卽言在戰前柏林工專時期（二次大戰後工專始改為工業大學），學生所習課程全屬數理工程範圍，故畢業生純係技術人才，他們在希特勒當權期間，便甘心受希魔的驅使，為納粹政府製造軍火，助紂為虐。二次大戰結束後，西德加入民主集團，將過去軍國主義的教育政策，加以徹底廢除。新改組成立的柏林工業大學，大體參照美國麻省理工學院的辦法，增設很多人文方面的課程。規定任何系科的學生，都要修讀哲學、文學、歷史、音樂等科目，使畢業生不僅有技術，而且有頭腦。對各種社會及政治問題，能獨立思考，明辨是非。在教育內容方面來說，是專才教育與通才教育並重；而且其基本精神，則係人文與科學的密切結合。

就我個人多次在國外考察教育的一得之愚，深感今日世界各國的學校教育，大都偏重知識技能的傳授，未能指導學生正確認識人生的目的與意義；影響所及，遂使教育僅能培養「有用之人」，而未能培養「幸福之人」；甚至受教育愈多者，煩惱痛苦亦愈大。蓋以缺乏精神修養，過重功利主義，終日追求物質享受，自永無滿足之時；如北歐各國人民教育水準平均最高，但自殺率亦最高。此種教育上與社會上的病態，自係世界工業化以後人們偏重科學技術輕視人文思想的結果。

我們知道，人文科學（或稱學科）在從精神上指導人類生活努力的方向，而自然科學則在從物質上充實人類生活的資料。今日整個世界人類陷於精神眞空狀態，徬徨迷惘，不知所止。科學技術發展賜予人類物質生活之幸福，幾已爲核子戰爭之恐怖所抵銷。故目前歐美各國一般教育家均感有充實人類精神文化之必要。良以科學技術的進步，固然提高了人們的生活水準，卻也使人們成爲科學技術的奴隸。一般人過度重視機器，忽略了「人的價值」。加以宗教意識的式微與哲學思想的停滯，遂使一般人在精神上感到空虛與苦悶，這可以說便是現代社會畸形發展所產生的嚴重問題。

我們中國自孔子以來的歷代先哲，大都主張心物並重，而且認爲應該心爲物主，役物而不役於物。由盡人之性，進而盡物之性。所謂「德本財末」，所謂「正德利用厚生」，都在闡明精神支配物質的道理。國父中山先生曾謂「有道德始有國家，有道德始成世界」。先總統 蔣公更昭示倫理應爲民主與科學的基礎與中心，亦即以人文爲體，以科學爲用的意思。足見我們中華文化的基本精神，數千年來是一貫的。

因此，我們可以肯定地說：不僅人文精神與科學精神必須結合，而且更應以人文精神指引科學發展的方向與運用科學研究的成果。亦卽在發展科技的同時，必須重視人文教育的價値。只有這樣，世界人類才可獲致永久的和平與眞正的幸福！

以上所談，乃是我個人對「科技發展與人文教育」這個題目所提出的粗淺的看法。

講座介紹

劉真先生近照

劉真先生，字白如，民國二年出生於安徽省鳳臺縣。畢業於安徽大學哲學教育系，後來又到日本東京高等師範教育研究科及美國賓州大學研究進修。

我國對日抗戰期間，白如先生曾任中央訓練團主任秘書及國立湖北師範學院教授。民國三十七年，當選行憲後第一屆立法委員。民國三十八年四月，應聘為臺灣省立師範學院院長。白如先生來臺接辦師範學院時，師院正鬧學潮，他首先安定學生生活，建立導師制度，充實學校課程，並擴建校區，興建宏偉的圖書館；同時，多方延聘名師宿儒，如梁實秋、楊亮功、陳可忠、田培林、陳大齊、黃君璧、溥儒等數十位教授來校任教，以滿足學生求知慾望。為了培養學校優良校風，特手訂校訓為「誠正勤樸」四字，以養成學生不虛偽、不偏私、不怠惰、不奢靡的習慣，並親書「止於至善」四字，嵌於行政大樓入口處門額，期勉同學發揮自強不息的精神。劉校長非常愛護學生，可是他主張「愛護而不姑息，嚴格而不苛刻」，他常說：「天下惟有父母對子女的成就和老師對學生的成就，沒有絲毫的妬忌。」同時，為了增進學生身體健康，培養青年朝氣與愛國情操，每天早晨，他都以身作則，親自主持升旗典禮，從未間斷。師範學院在劉校長和全體師生的共同努力之下，逐漸成為一所著名的高等學府。民國四十四年六月，師院改制為師範大學，白如先生應聘為首任師大校長，從此學校規模日大，校譽日隆。

白如先生對弘揚我國傳統師道，極為重視。我國的教師節之由八月廿七日改為九月廿八日，也是白如先生在校長任內，根據校內教授從曆法上考證孔子誕辰所獲得的結論向政府建議改定的。民國四十一年八月，行政院明令公布以九月廿八日為孔子誕辰紀念日與教師節。因九月廿八日適值各級學校開學以後，師生慶祝孔子誕辰和教師節的氣氛，比以往在暑假期間自然更為熱烈；所以教師節日期的改定，實在具有很大的意義和久遠的影響。

民國四十六年八月，白如先生奉調為臺灣省教育廳廳長，在五年多廳長任期內，他以「教育人事制度化，教育設備標準化，教育方法科學化」為施政方針，並特別重視改善教師生活，提高教師待遇，曾創立了史無前例的「教師福利制度」，與建日月潭、臺中兩教師會館，舉辦各種教學研習活動，使會館成為最理想的教師進修和休憩的中心。

民國五十一年冬，省府改組，白如先生辭去廳長職務。隨即應政大劉季洪校長之聘，擔任教育研究所所長，達十年之久。民國五十七年七月，先總統　蔣公特派白如先生至歐美各國考察教育一年，次年七月回國後，建議政府設置助學貸款及實施學力鑑定考試，均被採納實施。民國七十二年三月，白如先生應教育部之聘，擔任「學制改革研究小組」召集人，一年後，經教育部核定，完成學制改革方案。現在，白如先生除在政大教育研究所講課外，並擔任國家安全會議國家建設研究委員會委員兼文化組主任、教育部學術審議委員會常務委員、教育部人文及社會學科教育指導委員會指導委員等職。白如先生著述甚多，已出版者有「辦學與從政」、「歐美教育考察記」、「儒家倫理思想述要」、「教育問題平議」、「勞生自述」、「師道」、「中國文化的前途」等二十餘種，為文結構嚴謹，內容精湛，常能融會中外學說，自成一家之言。

劉白如先生數十年來奉獻教育事業，建樹頗多，享譽國際；美、英、法、日等國均将其列入「世界名人錄」中，誠如師大校友以「德行、學術、事功、文采」四美兼備來推崇他對教育文化的卓越成就。白如先生的生活態度自稱是三自主義，即「自食其力、自强不息、自得其樂」。從他所撰用以自勉的以下幾句話：「靜以養心，動以養身。言其所信，行其所言。求知若渴，從善如流。盡其在我，隨分報國。」更可看出其偉大教育家的風範。

後記

司琦

教育部長李錫俊先生爲使各級學校人文及社會學科教育與自然學科教育平衡發展，特增設「人文及社會學科教育指導委員會」，聘請劉季洪先生爲主任委員，劉眞、宗亮東、李亦園、李祖壽、宋晞、周道濟、周應龍、侯健、傅宗懋、張劍寒、賈馥茗、劉鴻喜等教授及本人爲指導委員，於民國七十四年十一月二十九日召開本會首次指導委員會議，負責整體規劃各級學校人文及社會學科之目標、課程、教材、教法、師資等項，以恢宏教育功能。本會自成立以來，積極展開各項工作，第一年以「學科教育目標研究」及「專題研究」爲重點，由「人文學科」及「社會學科」兩教育研究委員會分別進行，績效至著。

人文教育學術思想爲人文教育學科課程的指標，其對人文學科教育目標，影響尤爲深遠，因有設置「人文教育學術講座」之舉；其目的在配合教育目標之研究，以期兼顧人文教育之理論與實踐。本學術講座係由本會人文學科教育研究委員會召集委員劉眞教授悉心規劃，親邀文教界先進陳立夫、錢穆、楊亮功、牟宗三、羅光、蔣復璁、朱滙森、陳奇祿、高明、潘重規、趙雅博諸先生爲講座，其本人殿後。本講座經洽由教育廣播電台主播，國立教育資料館錄影。自七十五年七月六日起於每週日中午播出，爲期半年。各位講席之講詞計十二篇，編爲「人文教育十二講」，並洽由三民書局出版專書，以期廣爲流傳。

本講座備有錄影帶(部分講座因出國或其他原因，未能錄影，改由播音員代播)；此項錄製工作，爲國立教育資料館館長陳嘉言先生支持，視聽教育組主任丁文生與朱煥興、李政穎、劉清順諸先生及宋慧珠小姐協力精製，計有八捲。每捲之前，對講座均有介紹。本講座講詞並備有錄音帶十二捲，此項錄音爲教育廣播電台前台長張俊傑先生策劃，編導劉揚先生、播音員楊天蕙女士等承辦；至於本講座業務，由本會研究助理黃琴鳳小姐負責辦理，並撰述講座介紹。此項工作經前述人員之支持與合作，得能順利完成，謹表謝意。

本書所輯講詞內容博大精湛，由我國十二位文教界先進播講，實屬文壇盛事；至於配有錄影帶及錄音帶，以供轉錄作教學之需，亦爲一項創舉。

三民大專用書書目——教育

教育哲學	賈馥茗	著	臺灣師大
教育哲學	葉學志	著	彰化教院
教育原理	賈馥茗	著	臺灣師大
教育計畫	林文達	著	政治大學
普通教學法	方炳林	著	臺灣師大
各國教育制度	雷國鼎	著	臺灣師大
清末留學教育	瞿立鶴	著	
教育心理學	溫世頌	著	傑克遜州立大學
教育心理學	胡秉正	著	政治大學
教育社會學	陳奎憙	著	臺灣師大
教育行政學	林文達	著	政治大學
教育行政原理	黃昆輝	主譯	內政部
教育經濟學	蓋浙生	著	臺灣師大
教育經濟學	林文達	著	政治大學
教育財政學	林文達	著	政治大學
工業教育學	袁立錕	著	彰化師大
技術職業教育行政與視導	張天津	著	臺北技術學院校長
技職教育測量與評鑑	李大偉	著	臺灣師大
高科技與技職教育	楊啟棟	著	臺灣師大
工業職業技術教育	陳昭雄	著	臺灣師大
技術職業教育教學法	陳昭雄	著	臺灣師大
技術職業教育辭典	楊朝祥	編著	臺灣師大
技術職業教育理論與實務	楊朝祥	著	臺灣師大
工業安全衛生	羅文基	著	高雄師大
人力發展理論與實施	彭台臨	著	臺灣師大
職業教育師資培育	周談輝	著	臺灣師大
家庭教育	張振宇	著	淡江大學
教育與人生	李建興	著	臺灣師大
教育即奉獻	劉真	著	臺灣師大
人文教育十二講	陳立夫等	著	國策顧問
當代教育思潮	徐南號	著	臺灣大學
西洋教育思想史	林玉体	著	臺灣師大
心理與教育統計學	余民寧	著	政治大學
教育理念與教育問題	李錫津	著	松山商職校長

比較國民教育	雷國鼎	著	臺灣師大
中等教育	司琦	著	政治大學
中國教育史	胡美琦	著	文化大學
中國現代教育史	鄭世興	著	臺灣師大
中國大學教育發展史	伍振鷟	著	臺灣師大
中國職業教育發展史	周談輝	著	臺灣師大
社會教育新論	李建興	著	臺灣師大
中國社會教育發展史	李建興	著	臺灣師大
中國國民教育發展史	司琦	著	政治大學
中國體育發展史	吳文忠	著	臺灣師大
中小學人文及社會學科教育目標研究報告	教育部人文及社會學科教育指導委員會	主編	
中小學人文學科教育目標研究報告	教育部人文及社會學科教育指導委員會	主編	
中小學社會學科教育目標研究報告	教育部人文及社會學科教育指導委員會	主編	
教育專題研究　第一輯	教育部人文及社會學科教育指導委員會	主編	
教育專題研究　第二輯	教育部人文及社會學科教育指導委員會	主編	
教育專題研究　第三輯	教育部人文及社會學科教育指導委員會	主編	
選文研究——中小學國語文選文之評價與定位問題	教育部人文及社會學科教育指導委員會	主編	
英國小學社會科課程之分析	張玉成	著	教育部人指會
	教育部人文及社會學科教育指導委員會	主編	
如何寫學術論文	宋楚瑜	著	省政府
論文寫作研究	段家鋒、孫正豐、張世賢	主編	政治大學
美育與文化	黃昆輝	主編	內政部

三民大專用書書目——社會

社會學（增訂版）	蔡文輝	著	印第安那州立大學
社會學	龍冠海	著	臺灣大學
社會學	張華葆	主編	東海大學
社會學理論	蔡文輝	著	印第安那州立大學
社會學理論	陳秉璋	著	政治大學
社會學概要	張曉春等	著	臺灣大學
社會心理學	劉安彥	著	傑克遜州立大學
社會心理學（增訂新版）	張華葆	著	東海大學
社會心理學	趙淑賢	著	安柏拉校區
社會心理學理論	張華葆	著	東海大學
政治社會學	陳秉璋	著	政治大學
歷史社會學	張華葆	著	東海大學
歷史社會學——從歷史中尋找模式	文崇一	著	中央研究院
醫療社會學	藍采風、廖榮利	著	臺灣大學
組織社會學	張苙雲	著	臺灣大學
人口遷移	廖正宏	著	臺灣大學
社區原理	蔡宏進	著	臺灣大學
鄉村社會學	蔡宏進	著	臺灣大學
人口教育	孫得雄	編著	研考會
社會階層化與社會流動	許嘉猷	著	臺灣大學
社會階層	張華葆	著	東海大學
西洋社會思想史	龍冠海、張承漢	著	臺灣大學
中國社會思想史（上）（下）	張承漢	著	臺灣大學
社會變遷	蔡文輝	著	印第安那州立大學
社會政策與社會行政	陳國鈞	著	中興大學
社會福利行政（修訂版）	白秀雄	著	台北市政府
社會工作	白秀雄	著	台北市政府
社會工作管理——人群服務經營藝術	廖榮利	著	臺灣大學
社會工作概要	廖榮利	著	臺灣大學
團體工作：理論與技術	林萬億	著	臺灣大學
都市社會學理論與應用	龍冠海	著	臺灣大學
社會科學概論	薩孟武	著	臺灣大學
文化人類學	陳國鈞	著	中興大學
一九九一文化評論	龔鵬程	編	中正大學

三民大專用書書目——新聞

基礎新聞學	彭家發　著	政治大學
新聞論	彭家發　著	政治大學
傳播研究方法總論	楊孝濚　著	東吳大學
傳播研究調查法	蘇　蘅　著	輔仁大學
傳播原理	方蘭生　著	文化大學
行銷傳播學	羅文坤　著	政治大學
國際傳播	李　瞻　著	政治大學
國際傳播與科技	彭　芸　著	政治大學
廣播與電視	何貽謀　著	輔仁大學
廣播原理與製作	于洪海　著	中　廣
電影原理與製作	梅長齡　著	文化大學
新聞學與大眾傳播學	鄭貞銘　著	文化大學
新聞採訪與編輯	鄭貞銘　著	文化大學
新聞編輯學	徐　旭　著	新生報
採訪寫作	歐陽醇　著	臺灣師大
評論寫作	程之行　著	紐約日報
新聞英文寫作	朱耀龍　著	前文化大學
小型報刊實務	彭家發　著	政治大學
媒介實務	趙俊邁　著	東吳大學
中國新聞傳播史	賴光臨　著	政治大學
中國新聞史	曾虛白主編	前國策顧問
世界新聞史	李　瞻　著	政治大學
新聞學	李　瞻　著	政治大學
新聞採訪學	李　瞻　著	政治大學
新聞道德	李　瞻　著	政治大學
電視制度	李　瞻　著	政治大學
電視新聞	張　勤　著	中視文化公司
電視與觀眾	曠湘霞　著	政治大學
大眾傳播理論	李金銓　著	香港中文大學
大眾傳播新論	李茂政　著	政治大學
大眾傳播理論與實證	翁秀琪　著	政治大學
大眾傳播與社會變遷	陳世敏　著	政治大學
組織傳播	鄭瑞城　著	政治大學
政治傳播學	祝基瀅　著	國民黨中央黨部

文化與傳播

電視導播與製作	汪　琪　著	政治大學
	徐鉅昌　著	臺灣師大等

三民大專用書書目——政治・外交

政治學	薩孟武 著	臺灣大學
政治學	鄒文海 著	政治大學
政治學	曹伯森 著	陸軍官校
政治學	呂亞力 著	臺灣大學
政治學	凌渝郎 著	美國法蘭克林學院
政治學概論	張金鑑 著	政治大學
政治學概要	張金鑑 著	政治大學
政治學概要	呂亞力 著	臺灣大學
政治學方法論	呂亞力 著	臺灣大學
政治理論與研究方法	易君博 著	政治大學
公共政策	朱志宏 著	臺灣大學
公共政策	曹俊漢 著	臺灣大學
公共關係	王德馨、俞成業 著	交通大學
中國社會政治史（一）～（四）	薩孟武 著	臺灣大學
中國政治思想史	薩孟武 著	臺灣大學
中國政治思想史（上）（中）（下）	張金鑑 著	政治大學
西洋政治思想史	張金鑑 著	政治大學
西洋政治思想史	薩孟武 著	臺灣大學
佛洛姆（Erich Fromm）的政治思想	陳秀容 著	政治大學
中國政治制度史	張金鑑 著	政治大學
比較主義	張亞澐 著	政治大學
比較監察制度	陶百川 著	國策顧問
歐洲各國政府	張金鑑 著	政治大學
美國政府	張金鑑 著	政治大學
地方自治概要	管歐 著	東吳大學
中國吏治制度史概要	張金鑑 著	政治大學
國際關係——理論與實踐	朱張碧珠 著	臺灣大學
中國外交史	劉彥 著	
中美早期外交史	李定一 著	政治大學
現代西洋外交史	楊逢泰 著	政治大學
中國大陸研究	段家鋒、張煥卿、周玉山主編	政治大學
大陸問題研究	石之瑜 著	臺灣大學
立法論	朱志宏 著	臺灣大學